大夏书系·全国中小学班主任培训用书

赵坡 著

班主任如何说话

数语就能够激发学生潜在的斗志，运用如珠妙语就能够化干戈为玉帛……班主任，虽然是天底下最小的「主任」，但要接触形形色色的家长和个性迥异的学生，班主任也常要采用不同的说话方式，事实已经证明，善于说话的班主任三言两语就能够顺利地定进学生的心灵，要爱数语就能够激发学生潜在的斗志，运用如珠妙语就能够化干戈为玉帛……班主任，虽然是天底下最小的「主任」，但要接触形形色色的家长和个性迥异的学生，面对不同的学生和家长，班主任也需要采用不同的说话方式，事实已经证明，善于说话的班主任三言两语就能够顺利地

华东师范大学出版社
EAST CHINA NORMAL UNIVERSITY PRESS

自序 ｜ 在追寻"国宝"的日子里

　　参加教育实习那年，我被安排在高二年级，并任高二（1）班实习班主任。时值九月初，学校很多工作已经正常开展，其中很重要的一项就是从本学期开始，全校学生都要做早操。班主任指导老师爽快地把这个动员学生积极参加早操的任务交给了我。俗话说："良好的开端等于成功的一半。"为了能够打响上任后的第一枪，我熬了几个晚上，认真地准备了一份号召学生积极参加早操的演讲稿。其内容大致如下：

　　　　同学们，从明天开始，我们就要做早操了，对于班集体来说，这是一个展示自身形象的难得的机会。但是，从往年的经验来看，一部分我行我素的学生，目无组织纪律，总是寻找各种借口请假，试图逃避早操课。同学们，我们是一个班集体啊，哪怕只有一个学生未去，考勤老师都会从我们班级的四项竞赛总分中扣除一些，而四项竞赛总分就是一个班级的脸面。这部分学生不去上早操课，他们是自由了，但是却严重地损害了班集体的利益，这明显是给班级抹黑的行为，这也明显是不道德的行为。所以，我决定，对于无故不参加早操的学生，每人罚值日两天，胆敢有以身试法者，决不姑息，决不纵容，希望大家不要做让集体感到厌烦的人！

　　我慷慨激昂地念完演讲稿后，心里想效果肯定不会差，因为这段话不仅说清了利害，而且明确了严厉的惩罚措施。但事与愿违，周一，全班学生都去参加早操了，但很多学生明显是在敷衍了事，该跳的时候不跳，该伸直的时候不伸直；周二，竟然有六名学生无故缺席；周三，缺席的队伍又壮大了。正当我怒火中烧的时候，班主任指导老师主动过来了解情况，他微笑着对我说："早操的意义在于让全体学生有机会去强身健体，这是以学生利益为中心的安排，是为学生着想，这才应该是班主任做学生思想工作时重点要谈的内容，而你对学生参加早操的意义只字不提，还用集体的名义勒令学生必须参加，太缺乏人情味了。这样，在学生看来，他们参加早操完全是为了集体，为了维护集体的荣誉，他们不得不牺牲自己宝贵的时间，这样，谁没有被逼迫的感觉呢?! 再加上你的专断和暴政，最终导致一部分学生产生了强烈的逆反情绪，这正是学生不想去、去了也不好好做的真实原因。"

班主任指导老师的一席话，让我茅塞顿开。我的话之所以未能引起学生的积极响应，关键在于我忽略了学生的内心感受，我是高高地站在"统治阶级"的立场上，用貌似威力十足的"大棒"打压，而不是用饱含深情的"糖果"引导。这样，学生们又如何能心悦诚服地接受我"发号施令"呢? 于是我按照班主任指导老师的建议，重新拟了一份演讲稿，内容大致如下：

同学们，我们高二这一年的学习任务比高一重多了，而要想在高二这个攻坚阶段有所斩获，前提条件就是我们要有强健的体魄。正是基于这样的考虑，我们学校才下定决心举行全校性的早操活动。另外，大家不要小看那一套广播体操，那可是凝聚了很多专家的心血的，它几乎可以使我们从头到脚的每一个部位在很短的时间内都能得到有效的锻炼。如果不相信的话，大家明天可以按质按量地做一遍，然后再去看有没有轻松舒适的感觉。既然学校给我们提供了锻炼身体的机会，那么我们就要把握住，否则我们就会像个"傻子"。如果明天还有哪位学生无故缺席早操课，"傻子"似的不爱惜自己的身体，那我就亲自陪他到操场上去做一遍，直到达标为止。

像这样反复做了几次思想工作后，情况就大为好转了：主动出勤的学生多了，无故缺席的学生少了；按质按量做操的学生多了，偷工减料的学生少了。这么一件简单的事情，班主任采用了不同的说话方式，效果明显不一样了。由此，我逐步意识到班主任要不断修炼自己的说话艺术，因为这是班主任由拙劣走向合格、由合格走向优秀的必经之路。

　　班主任，虽然是天底下最小的"主任"，但要接触形形色色的家长和个性迥异的学生。即使是同一件事，面对不同的学生和家长，班主任也需要采用不同的说话方式。而一些突发的、偶然的事件，更要求班主任说话时能够高水平地"临场发挥"。事实已经证明，善于说话的班主任三言两语就能够顺利地走进学生的心灵，寥寥数语就能够激发学生潜在的斗志，运用如珠妙语就能够化干戈为玉帛；而拙于说话的班主任，往往一张口就让学生心生愤怒，常常一句话没说完就让学生有堵上耳朵的想法，有时说了一卡车的话也没能让学生的眼睛亮一下。

　　不可否认，班主任的身教胜于言传，但这并不等于不需要言传，相反，言传是对身教最好的补充和强化。倘若把身教比作一堆蕴涵能量的木柴，那么言传就是引燃这堆木柴的火星。只有身教和言传密切配合，才能让教育之火释放出最大的能量。身教固不可少，但在班级管理中，有时更需要班主任善于言传，或者说言传的效果会更好些。比如，当面对因被科任老师批评而哭哭啼啼的女生时，班主任不需要去做些什么，只要说一些话让当事女生"破涕为笑"即可。因为身教的教育意义固然影响深远，但却需要很长的时间才能凸显，而用话语劝慰效果则来得更快一点。

　　事实上，班主任的说话只是班主任常规工作中的一小部分，但就是这一小部分内容，却牵涉到很多方面。比如班主任在遇到某一事件时，不仅要详细调查事件的始末，还要运用教育学和心理学的有关规律进行分析和决策；不仅要把应该说的内容清晰地说出来，还要考虑说话对象的特殊性，包括成长环境、兴趣爱好、性格特征等，以期抓住说话对象的心理，更好地引导说话对象接受和采纳自己的观点；不仅要说话，还要注意调整表情和语气；不仅要分析、解决问题，还要遵循教育工作的原则。也就是说，班主任在说话时，要进行情景特征、对象心理、教育规律、教育原则等各方面的综合分析、比较、判断、预测以及评价，所做的工作远远超过说话本身。所以，班主任的说话是一项复杂的系统工程，而不是单一和孤立的行为。

班主任的话是为人师者之语，是用来驱除假恶丑、培养真善美的。因此，班主任的话语应以爱心为血肉，以智慧为骨骼，以教育教学规律为灵魂。充盈的爱心、过人的智慧和科学的教育教学规律是班主任练就"说话神功"的根基，三者相辅相成，缺一不可。需要说明的是，这里不是鼓励班主任说虚假的话、客套的话、伪科学的话，抑或指鹿为马、颠倒黑白、混淆视听，而是希望班主任在摆事实、讲道理的基础上，用高超的说话艺术把班级事务处理得更加完美。

　　《荀子·大略》有言："口能言之，身能行之，国宝也；口不能言，身能行之，国器也；口能言之，身不能行，国用也；口言善，身行恶，国妖也。敬其宝，重其器，任其用，除其妖。"真诚希望普天下的班主任都能成为追寻"国宝"的同路人，都能慢慢地蜕变为"国宝"。

目 录
Contents

┊ 第四辑 ┊ 当师生发生冲突时，班主任如何说话 ┊

第一辑
Banzhuren Ruhe Shuohua

当学生出现思想问题时，
班主任如何说话

1. 学生勤奋好学但成绩平平

> 再看看她的表情，没有笑容，也没有痛苦。一位勤奋好学的女生，难道是因为经历了太多的失败，已经变得麻木了吗？

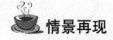 **情景再现**

第一次谈到莺莺时，她以前的班主任就迫不及待地向我称赞莺莺的勤奋，说莺莺几乎是每天来得最早、走得最晚的学生。在称赞完莺莺之后，这位老师又连连摇头叹息，这么一位勤奋好学的女生，她的收获和付出太不成正比了，一直以来她都成绩平平，有时候甚至会处于中下游。

接手这个班级之后，我有意识地观察这位女生，在课堂上经常把回答问题的机会留给她。果不其然，一连几节课下来我发现这位女生的学习效果一点都不理想。再看看她的表情，没有笑容，也没有痛苦。一位勤奋好学的女生，难道是因为经历了太多的失败，已经变得麻木了吗？

为了解开我的谜团，我找到莺莺最要好的朋友思思，旁敲侧击地打听有关莺莺的情况。从思思的口中我才知道，莺莺家境贫寒，她的父母省吃俭用供她读书，而莺莺又是那种非常懂事的女孩，下决心不浪费父母的血汗钱，一定要考出好成绩来报答父母。看来，莺莺内心的压力很大。另外，据思思说，莺莺不注重学习方法，有点死学，比如英语早读的时候她却在背诵数学公式。

 **情景分析**

研究表明，影响学生学习效果的因素主要有以下四个方面：

一是学生的学习方法。高效学习的首要条件就是学生要掌握科学合理的学习方法。爱因斯坦说，"成功＝艰苦的劳动＋正确的方法＋少说空话"。这说明，学生的学习方法合理与否常常直接决定了学习效果的优劣。尤其是那些勤奋学习但成绩总不理想的学生，更应从这个方面找找原因。

二是学生的性格特征。调查表明，学习成绩好的学生与学习成绩差的学生之间，最大的差别不在智力上，而在性格特征上。学习成绩好的学生一般会表现出意志坚强、学习认真、兴趣浓厚、有责任感、有荣誉感、集体观念强、注意力集中、能采纳老师和家长的建议、与同学合群、能经受困难和挫折的考验等性格特征。而差生一般会表现出懒散、贪玩、马虎、自制力差、不负责任、不够专注、不爱提问、见异思迁、与同学不合群、逆反心理强、经不起批评和挫折等性格特征。其中最突出的问题就是缺乏毅力和信心。

三是学生的心理健康状况。心理健康状况是心理等机体功能水平的反映。心理健康状况良好的学生，身体各方面的机能都能发挥出应有的水平，尤其是稳定的情绪、良好的适应性和有效的自我调节，对学习的效果有着十分重要的影响。相反，如果学生的心理健康状况欠佳，其心理等机体功能就会失衡，从而导致他处于低效状态中。比如，压力过大，就会使学生容易烦躁，导致其注意力不集中。

四是学生的智力水平和生理发育情况。调查研究表明，很多学生在智力水平上还是有很大的差异的，这在一定程度上影响了学生的学习效果，特别是在抽象思维和迁移应用方面。比如，高中有一部分女生在理科学习方面就会表现出很大的劣势。

对于我这个做学生时比较勤奋的班主任来说，我心里更偏爱那些勤奋好学的学生。勤奋好学意味着一个学生对自己和父母很负责任。莺莺被分在我的班里，说明我和莺莺有师生缘分。在喜爱莺莺的同时，我更为她的成绩平平而担忧、难受。我想找她谈话，我想让她的成绩进步一点，更想让她变得快乐一点；我想让她认清自己在学习方法上的不足，更想让她客观地评价自己。或许莺莺真的不适合读理科。

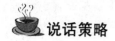**说话策略**

1. 下下策

班主任为了能让莺莺客观地评价自己，清晰地认识自己的水平，便煞有介事地对她说："一个容积只有一升的容器最多只能盛一升的液体。同样，个人的能力也是有限度的。莺莺你既然已经尽力了，也就不要太在意成绩的好坏了。正所谓，尽力了，也就无怨无悔了！"

采用这种说话策略，班主任的开导和直接说"莺莺不聪明"无异，这不仅不能使莺莺快乐，还极有可能使莺莺自暴自弃，彻底失去学习的信心，甚至一蹶不振。如果这样的话，班主任就害了莺莺。

2. 中策

班主任为了减轻莺莺的压力，在心灵上给予莺莺善意的劝慰，便微笑着对她说："莺莺，一直以来，你都比较努力，由此可以证明你是一个对自己负责、对父母负责的好学生。有句话叫'谋事在人，成事在天'，既然你已经很努力了，你就应该无愧于心，就应该高高兴兴、轻轻松松。你说是不是？"

采用这种说话策略，班主任委婉地说出了学习成绩不仅和学生自身的努力有关，还和外界的很多因素有关，这样做在一定程度上或许可以让莺莺正确地看待自己的成绩，从而缓解心中的压力。

3. 上上策

班主任在帮助莺莺之前，为了能够对症下药，先进一步确定一些信息，便微笑着问道："莺莺，对于自己的学习成绩，你有哪些看法？"如果莺莺已经想得很明白，真正地做到了理智地对待自己的成绩，而不是"麻木"，那么班主任只要鼓励鼓励就行了："有一个成语叫'厚积薄发'，相信在不久的将来你的成绩会更上一层楼的。"如果莺莺对自己的学习方法和学习成绩都不满意的话，那班主任就要因势利导了："不同的科目有不同的学习方法，如果方法适当，就会事半功倍；如果方法欠妥，那么就会事倍功半。关于学习方法……其实，分数的高低，并不能完全代表知识水平的高低，临场发挥的好坏以及题目的难易程度都会对分数产生重要的影响。当然，作为一名学生，我们的任务就是尽自己最大的努力去学习，只要尽力了，我们就对得起自己和父母。老师相信，付出总会有收获，在不久的将来，你肯定会取得更大的成功。"

　　采用这种说话策略，班主任试图从问题的根源入手，进而选择适宜的谈话内容，这样的谈话更具针对性，效果也更好。作为老师，切记不能打击学生的积极性和伤害学生的自尊心，不管学生面临怎样的状况，都必须鼓励学生，让学生看到希望，即使是善意地说谎。上述说话策略就很好地做到了这一点。

2. 学生成绩优异但不讲情理

> 他应该明白自己的要求很无理：一
> 是无视班级的民主制度；二是以自我为
> 中心，没有考虑别人的权利。

☕ 情景再现

小方是我班的学习委员，不管是单科成绩还是总成绩，在班里都是出类拔萃的，他也因此颇受各科老师的喜爱和器重。除了担任学习委员外，还被数学老师"钦点"为数学兴趣小组组长，我也把他看作是一棵"好苗子"。由于小方的个子比较矮小，开学初他提出要坐在前面，我就毫不犹豫地利用"特权"把他排在了第二排正对黑板的位置上。坐在这个位置上的学生一不会吸到粉笔灰，二是远近适当，三是左右正好居中，这个位置绝对是班里所有座位中最好的。

我班座位是竖排四大组（每组两列），开学第二周的班会课上，学生们通过举手表决制定了班规，其中包括座位每两周轮换一次的制度。开学第三周的第一天，小方的座位就由中间轮到了教室的墙边，这样小方就不得不偏着头看黑板了。另外，由于反光等原因，小方总是看不清黑板另一边的板书内容。于是在轮换座位后的第二天，小方就跑到办公室找我换座位，本来我觉得这是一件小事，但小方的一句话让我很生气。

"老师，我坐在墙边看黑板很吃力，我想换座位！"

"坐得那么靠前，而且又靠在墙边，的确是太偏了。"

"那老师你还把我的座位调回到原来的位置吧！"

"哈哈，现在别的同学坐在那里，我要先和别的同学商量一下，不能说换就换，你先坚持一下，我会尽快找那几个学生谈的。"

"老师，不行，我一节课都不想坐在那里了，每上完一节课头都有要扭断的感觉，太累了，我想马上就换！"

小方的自私导致他一点都不讲情理了！

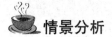 **情景分析**

　　自私，其实是人的一种正常的心理，几乎每一个人都或多或少地会有一点自私，只不过自私的程度不同罢了。但是，从品德方面来讲，懂得控制、减弱乃至消除自身自私心理的人才是一个高尚的人。现在的学生大多是独生子女，父母往往不自觉地把最好的东西留给他们，而这种家庭教育的不当，导致大部分学生在学校里总是以自我为中心，只顾自己的感受和利益，而忽视他人的权益，这是学生自私心理的直接表现，也是造成大部分学生不讲情理的原因。老实说，在刚开始谈话时，我还是十分偏爱小方的，他提出要调换座位，我二话没说就答应尽快给他调换，这在一定程度上是以牺牲其他学生的利益为前提的。但小方把老师的偏爱当作了自己应得的权利，不仅不知足，还得寸进尺，对我提出了过分、无理的要求。虽然我平时很厌烦把学生的错误死板地上纲上线，但小方已经是高二的学生了，他应该明白自己的要求很无理：一是无视班级的民主制度；二是以自我为中心，没有考虑别人的权利。作为班主任，我感觉这是教育小方的绝佳契机，有必要把这些道理跟他讲明白。

说话策略

　　1. 下下策

　　班主任为了让小方认识到问题的严重性，想对其当头棒喝，于是便气愤地吼道："你以为学校是你自己家开的，你想坐在哪儿就坐在哪儿？别人也是交了学费的！你和其他学生是一样的，你没有任何特权，别人都能坐在那儿，你为什么就不能?! 生活在一个集体当中，你不能这么自私！"

　　采用这种说话策略，班主任基本上把道理讲明白了，但无疑是把道理包裹在炸弹里。小方多半不会明白其中蕴涵的道理，反而会被炸弹炸得颜面尽失，一向深受老师喜爱的他，多半会因为此次谈话而变得消极、自闭，即使当时不和班主任顶撞，也会在心里对班主任产生怨恨之情。这样班主任不仅没治愈他的痼疾，反而还给他增加了新的伤痛，实在是得不偿失。

2. 中策

班主任生怕这棵"好苗子"受到刺激，影响了他的学习，于是便微笑着解释道："老师很能体会你的心情，老师会尽快和那几位同学谈的，但老师不能像法西斯一样强迫他们和你换座位吧，那样其他同学会有怨言的，你说是不是？这样的事急不得，你放心回去吧，老师会尽快安排的。"

采用这种说话策略，班主任的话虽然不会给小方带来什么新的伤痛，然而却在无形中承认了小方的特权，没有及时让小方看到自身的错误。这样班主任就把小方推进了一个深不见底的泥淖，无疑不利于小方的健康成长。

3. 上上策

班主任为了让小方认识到自己的错误，让他明白其中的道理，于是便有些严肃地说道："小方啊，前两周靠墙边的那个位置是空着的吗？是我偏偏要你坐在那个不好的位置上的吗？"班主任注视着他，顿一顿之后缓缓说道："第二排的中间，当然是最好的位置了，墙边的确是偏了点，正所谓，有得必有失嘛。可以说没有一个爱学习的学生愿意坐在那个不好的位置上，但前两周小李就坚持下来了。再说，第一排靠墙边的那个位置离黑板更近，偏得更厉害！前两周我看小王有时都要站起身才能看到黑板另一侧的板书内容，那个位置比你现在的位置就更差了，你说呢？另外，他还戴着眼镜，而你的视力是五点零呢！"班主任先让小方认识到自己的要求不合理，然后语气稍微和缓地说道："你向老师反映问题是你的权利，尽力帮你解决问题是老师的义务，但老师必须在遵守班规的前提下，帮你解决问题。你想一想，我们的座位每两周轮换一次的制度刚刚由大家举手表决通过，如果老师现在擅自违反这个制度，那以后老师还能要求谁遵守呢？当然，你的问题也不是不能解决，但要通过和其他同学协商，因为老师不能做法西斯，想怎么给学生换座位就怎么换座位，老师也要和相关同学谈话，考虑别的同学的感受。生活在一个集体中，我们做事的时候不能只以自我为中心，也就是不能自私。所以，这事不能太着急，协商是必需的！你就先辛苦一下吧！"

采用这种说话策略，颇显班主任的苦口婆心，虽然有点"唠叨"，但毕竟是本着治病救人的教育目的：一方面不会让小方觉得无地自容；另一方面也委婉地批评了小方的自私，并详尽地说明了道理，相信小方会因此而进步。

3. 动员班干部义务大扫除

我刚接手的这个班级的班干部以前没有这样的习惯，如果要求他们义务大扫除，他们心里会不会有怨言，或者有很大的抵触情绪呢？

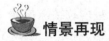 **情景再现**

开学的第一周，学校要按照计划进行大扫除。我当班主任有一个习惯，每学期的第一次大扫除总是留给班干部去做，这样做的目的有三个：一是通过所有班干部通力协作打扫卫生，培养班干部的团队精神和服务意识；二是通过干净、彻底、反复的大扫除活动，培养班干部精益求精的奋斗品质；三是通过展示大扫除优异的评比结果向其他学生彰显班干部队伍的工作能力，从而初步发挥班干部的带头作用。但是，我刚接手的这个班级的班干部以前没有这样的习惯，如果要求他们义务大扫除，他们心里会不会有怨言，或者有很大的抵触情绪呢？

情景分析

班干部是班主任的左膀右臂，一支能力强、劲头足、有威信的班干部队伍是构建良好班风、学风的基础，也是班主任可以高效率地开展工作的关键。开学初，尽早尽快地打造一支业务精良的班干部队伍应是班主任工作的重中之重。开学初这个特殊的时间对于培养班干部，既有有利的一面，也有不利的一面。有利的一面是"新官上任三把火"，班干部刚刚上任，都想在班主任和同学面前好好表现一下，以期获得老师和同学的好印象；不利的一面是他们刚刚走马上任，如果班主任稍不留神，哪怕是有微不足道的失误，相对于其他时候来讲，都更容易挫伤他们的工作积极性。倘若出现这种情况，要想建立一支精良的班干部队伍那就很困难了。

从大的方面讲，义务劳动是忘我的劳动，也是培养学生团队精神的活动。参加义务劳动不仅可以培养学生的荣誉感，还可以塑造学生美好的心灵。老师有意识地组织学生参加力所能及的义务劳动，可以让学生对劳动有一个更深入的认识，还可以让学生亲身体会到劳动的艰辛和光荣，从而引导学生重视劳动，珍惜自己的劳动成果。参加义务劳动还可以加强学生的劳动观念，帮助学生树立正确的人生观、世界观和价值观。

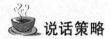 **说话策略**

1. 下下策

班主任一心想建立起一支尽职尽责的班干部队伍，于是便神情激昂地喊出了自己的高标准和严要求："班干部是一个班级的领军人物，是其他同学学习的榜样。班干部队伍的素质直接影响着整个班级的表现，因为其他同学要向你们学习。如果你们表现好了，其他同学也会慢慢地向你们看齐；万一你们表现差了，绝对会起到消极作用。所以本学期的第一次大扫除，我把机会留给你们，你们必须好好表现，这场仗你们只能打赢，不能打输，否则你们还有什么资格做班干部?!"

采用这种说话策略，班主任虽然处处为班干部着想，但好像是把班干部当作人人争着去做的美差。其实现在的高中生，愿意当班干部的寥寥无几，班主任鼓励他们还来不及呢。切记不能轻易挫伤他们的工作积极性，否则以后谁还愿意为班级工作甘于奉献、尽职尽责呢?

2. 中策

班主任一心想调动班干部队伍的工作积极性，于是微笑着说道："大家能够成为我们这个班的班干部，这本身就证明大家是同学们中的佼佼者。另外，大家愿意担任班干部，也说明大家拥有可贵的奉献精神。这是成为优秀班干部的前提条件，没有奉献精神是不会受到同学拥戴的。这不，现在要进行本学期第一次大扫除，大家都知道，良好的开端是成功的一半。为了我们班级能够拥有一个美好的发展前景，这一次我请大家去做义务大扫除。同时也是为了表现大家的奉献精神，展示大家的工作能力。"

采用这种说话策略，突出了班主任对班干部队伍的赞誉以及鼓励，对调动班干部的工作积极性有一定的作用。但是，却淡化了让班干部参加义务大扫除的目的，老师的话语几乎完全变成了对班干部的溢美之词。

3. 上上策

班主任一方面想让班干部起模范带头作用，另一方面想激励班干部克服困难，于是便和蔼可亲地说道："大家都是班干部，不仅是我的左膀右臂，更是班级的中流砥柱和其他同学学习的榜样。有一句话叫作'新官上任三把火'，我们要想在同学面前树立起良好的形象，就必须抓住机会给同学留下重要的第一印象。本学期的第一次大扫除就是一个难得的机会，我特意把这次机会留给大家，希望大家把'第一把火'烧旺了，良好的开端就是成功的一半嘛！那么，怎么才能把这'第一把火'烧旺呢？那就要拿出成绩啊！既然这一次大扫除我们全体班干部都参加，就捧个大奖回来，这样大家就不仅会彰显自己的工作能力，也会顺理成章地树立起我们班干部的威信，大家以后开展工作就会更顺利，大家说是不是这样？"

班主任稍微停顿了一下，听听班干部的心声，一般情况下他们是不会有反对意见的。然后班主任继续说道："当然，如果大家真的捧回了大奖，作为班主任，我会在班会课上和同学们一起商讨奖励的措施。不过，如果班干部亲自上阵都没能取得好成绩，那以后其他学生可能都会马马虎虎了哟！其实捧个大奖回来也并不是太难的事情，只要我们按照评比标准认真仔细地去做，就肯定没问题。我以前带过的班级的班干部都可以在第一次大扫除中取得不错的成绩，所以大家不必担心干不好。为了让大家稳稳当当地烧旺'第一把火'，我打算在同学们面前宣布，如果这一次你们不能拿奖，下一次大扫除还由你们做，以表示你们的决心，你们看怎么样？"

采用这种说话策略，班主任恩威并重，既体现了班主任对班干部的器重，又实现了班主任激励他们克服困难的目的，可谓一举两得。另外，班主任向他们说明了道理，而且引导他们下定决心，这种高标准和严要求也在无形中约束了他们，让他们一定会尽职尽责地完成任务。

4. 学生想要退学

没到成熟的时候就把它摘下来太可惜了，应该让它在树上多汲取营养，到成熟的时候再摘下来。

情景再现

认识小吴近两个月以来，我一直认为他是一名勤奋好学、积极上进的学生。他不仅成绩在班级中名列前茅，而且基本上没有给班级带来过任何麻烦。谁知他的内心却是如此的浮躁，表面平静的假象让他成为我的班主任工作中的盲点，直到今天晚自习结束后，我才发现自己的粗心大意。

晚自习结束后，我刚走进办公室收拾资料，小吴就扭扭捏捏、抓耳挠腮地走进来。他反常的表现告诉我他今晚有事情想和我交流。看着他难为情的样子，我鼓励他道："这里就我们两个人，有什么话就直说，可以把老师当成自己的大哥！"让人想不到的是他要谈的是有关他想退学的事情。

"真不好意思。"小吴慢吞吞地说道，"我想退学。"他说完，就低下了头。

"你想退学？"我吃惊地问道。

"是的，我已经考虑两周了。"小吴缓缓地回答道，稍微停顿了一下又解释说，"我觉得自己很不适合读书，从上小学以来，我的成绩就不是特别好，与其这样在学校里读书，还不如尽早到社会上去闯荡。"

"是不是有什么压力或者家里发生了什么事情？"我试探性地问道。

"我的父母都在做生意，经济方面肯定没问题，他们都很清楚，一直以来我学习都比较努力，他们对我也没什么硬性要求，我只要尽力他们就满足了。在学校里，我和老师、同学的关系都很好，老师，你是知道的。"小吴有板有眼地回答着我的问题，看来真的是早有准备了。

"你的父母都很体谅你啊，老师和同学们也都很喜欢和你相处，相信你也有很多朋友，在学校里有，在社会上可能也有吧?"我再次试探性地问道，争取发现一些蛛丝马迹。

"我在社会上的朋友不多，其中两个比较要好的朋友都比我大两岁，他们初中毕业后就不读书了，现在都在做生意，都很成功。"小吴毫不隐瞒地说着。在他说到他做生意的两个朋友都很成功时，我发现他的眼睛猛地一亮。这一刻，我明白了小吴的心思。

"如果你退学，你打算以后怎么办?"我想看他到底是不是受到了这两个朋友的影响。

"我打算从父母那里借一些钱，和朋友一起做生意。"小吴说完，如释重负般舒了一口气，然后微微地笑了。

"你认为自己现在适合做生意吗? 或者你有能力把生意做成功吗?"我也直爽地问道，希望他能知难而退。

"慢慢学，失败是成功之母嘛!"小吴平静地说道，毫无忧虑可言。看来他已"中毒"太深!

"有一个故事我想给你讲一下，你仔细听好。一棵苹果树上结了两个苹果，果农每天都精心地呵护着它们，希望它们能快快成熟，两个苹果在果农的呵护下慢慢地长大了。一天，果农惊奇地发现其中一个苹果的表皮泛红了，十分欣喜。果农心想，'红'是成熟的标志，虽然还未到收获的季节，但这个苹果已经提前成熟了。这样想着，果农就把这个苹果摘了下来，洗一洗后咬了一大口，一股青涩的味道布满了他的舌尖——苹果还未成熟。果农看着硕大的苹果，想把它都吃下去，但又怕吃坏了肚子，于是充满悔意地把它扔掉了，嘴里还喃喃自语道：'没到成熟的时候就把它摘下来太可惜了，应该让它在树上多汲取营养，到成熟的时候再摘下来。'吃一堑，长一智，从此果农更加精心地呵护着剩下的那个苹果，耐心地等待着它成熟。转眼间秋天到了，那个苹果已经熟透了。果农心想，这个苹果经历了足够的时间的洗礼，应该成熟了，便摘了下来，洗一洗后咬了一口，甘甜的味道布满了他的舌尖——他从未吃过这么香甜的苹果。"我耐心地讲着故事，生怕小吴听得厌烦，但小吴倒是一直认真地听着。

"我觉得我到了该成熟的季节了，应该可以离开枝条了，我的父母基本上尊重我的意见。老师请您说说您的意见，我到底要不要退学?"小吴坚持着自己的想法。看来我必须表态了。

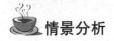 **情景分析**

小吴之所以坚持自己退学的想法，有三个方面的原因。

首先，小吴没有在学习中得到满足感，产生了厌学情绪。厌学是指学生在主观上对学校学习活动失去兴趣，产生厌倦的情绪和冷漠的态度，并在客观上明显表现出来的行为。厌学情绪的产生除了因为学校教育要求过高过严、学习压力过大、学习生活单调、学习成绩不理想、教学方法呆板、教学内容枯燥等客观因素外，由于长期学习失败而形成的习得性无力感也是重要原因，这导致学生失去学习的信心、兴趣，进而消极逃避、自暴自弃，发展到一定程度就会产生退学行为。

其次，小吴的朋友的成功对小吴产生了巨大的诱惑。小吴在学习中没有得到满足感和小吴的朋友在生意上获得了成功形成了鲜明的对比，由此引起了小吴内心的失衡，进而让他产生了"与其这样在学校里读书，还不如尽早到社会上去闯荡"的想法。

最后，小吴的父母对小吴的退学想法的尊重在一定程度上淡化了父母对小吴的引导作用。小吴虽然已经是高中生了，但是思想依然处于不稳定的状态，尤其是当外界环境改变时，他便容易改变自己原有的想法，而做出不理智的决定。

陶渊明对他的学生说："勤学如春起之苗，不见其增，日有所长；辍学如磨刀之石，不见其损，日有所亏。"其实，学习的过程是一个既充满艰辛又充满乐趣的过程，学生所学的每一门课程都是教给学生从某一个特定的角度来观察和认识世界的方法，都会把学生引入一座特定的知识殿堂，而这些是每个学生都渴望得到的。但是，在刚开始进入各个知识殿堂的时候，由于种种原因，一扇无形的"门"把有些学生挡在了殿堂之外，他们不能像别人一样饱览殿堂中的奇珍异宝，却要陪着别人一同听讲、做作业、消磨时间。因此，对他们来说，学校里的学习是一件枯燥乏味且劳而无获的事情，费了很大气力，却收获甚少，远没有做其他事情来得容易。

从我和小吴的对话来看，小吴想要退学的主要原因还是小吴在学校没有得到想要的成就感，从而产生了厌学情绪。实践表明，要让学生摆脱厌学情绪，教师就必须找到学生厌学的原因，并有针对性地从学生心理上去疏导，在动之以情的基础上，尽量晓之以理，促使其改变想法。通过和小吴谈话，我发现他的态度非常坚决——非退学不可！而且基本上已经获得了父母的"批准"，但他心里还是有点担心，要不然就不会想听一听我的意见了。

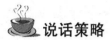

说话策略

1. 下下策

班主任害怕承担责任，于是便含含糊糊地说道："这件事还是要你和你的父母共同决定，我认为你应该再认真地考虑考虑。"

采用这种说话策略，班主任的话无疑会让小吴很失望，因为小吴能来找班主任谈心，说明他很信任班主任，想听听老师的意见，但是班主任这样的话语显然会让小吴失望而归。

2. 中策

班主任感觉这是一件大事，不敢妄下定论，于是便解释道："这件事比较复杂，而且对你来说是件大事，我想我们还是应该再仔细地考虑一些具体的情况。我还没和你父母谈过，一时半会儿还真不好下结论。"

采用这种说话策略，不可否认班主任说的都是真实的情况，也说明了班主任的难处，这样小吴肯定不会对班主任有半点失望。但是，小吴还是没能从班主任那里得到任何指导性的意见。

3. 上上策

班主任为了劝说小吴尽快把心思放回到学习上来，以免耽误太多功课，造成无法弥补的损失，于是便严肃地说出了心里话："你想听听我的意见，那我就说出此时真实的想法，我反对你退学！道理很简单，依我看来，你现在还未到可以走上社会的时候，因为你还没有为生存储备足够的知识、技能和情感，如果像'第一个苹果'一样被过早地摘下来，一旦你失败了，你会后悔终生。"

采用这种说话策略，班主任承担了一个教育者应当承担的责任，按照自己真实的想法给了小吴一个确切的答案，这同时也是对小吴的信任给予的最真诚的回应。至于小吴最终会不会采纳班主任的建议，那不是班主任能左右的事情，班主任已经尽力了。

5. 学生未取得理想成绩

> 很明显他们还存在着认识上的误区，认为只有拿到了第一才算做到了最好。

情景再现

春季校级"冲锋"杯篮球赛已经落下帷幕，我们班的篮球健儿却在高二年级组决赛中不敌高二（6）班，无缘总决赛。这对于我们班喜爱篮球运动又有点争强好胜的篮球健儿来说，是一个很大的打击。他们虽然当时在赛场上没有过多地表现出来，但下了场之后都变成了霜打的茄子，一副没精打采、郁郁寡欢的样子。比赛前，体育老师就预测过，冠军非我们班莫属。这些篮球健儿也向我夸过海口——"参赛就是为了夺冠"，但却事与愿违。

情景分析

每当参加一项比赛性质的活动时，人们总趋向于给自己制定活动目标，而且目标往往比实际水平高一些。明确目标的积极效应是可以使参加活动的人有足够的动力，而不至于懒散、消极地应对活动；消极效应是制定的目标比实际水平偏高，会在无形中给参加活动的人造成巨大的心理压力，使其不能发挥出应有的水平。同时，一旦目标落空，参加活动的人无疑会产生失望和难过的情绪。

在参赛前的动员会上，为了给学生们鼓气，也让他们能够认真对待比赛，我就告诉过他们，不管参加什么样的体育比赛，一定要尽情享受比赛，同时要树立"有旗必夺，有一必争"的意识，也就是要尽力做到最好。现在他们没拿到第一，没有实现自己的理想，所以产生了失望和难过的情绪。很明显他们还存在着认识上的误区，认为只有拿到了第一才算做到了最好（学生的这些心理活动，是我找个别学生谈话时得到的）。作为班主任，我很有必要把这些篮球健儿都找来好好地聊聊，以帮助他们解开心里的疙瘩。

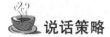 **说话策略**

1. 下下策

班主任认为这些篮球健儿因为这么点小事就意志消沉，难免有点太"孩子气"，于是便板着脸说道："你们马上就是成年人了，这点小事都经受不起，以后还怎么到社会上去闯天下？芝麻粒儿大的事！都想开一点，没什么大不了的，以后继续努力就是了。"

采用这种说话策略，虽说班主任是出于一片好心，但他的话听起来却有一股讽刺、挖苦的味道，学生心里可能接受不了，就更不用说有醍醐灌顶的作用了。"表面成熟而内心脆弱"的当代中学生是很难体会到这种话语中隐含的苦心的。

2. 中策

班主任看着眼前失意的学生，一心想安慰他们，于是便苦口婆心地劝解道："这次篮球赛，可以说我们班同学都很努力，表现得也不错，但就是运气稍微差了点，比如小 A 的那个三分球，篮球在篮筐里转悠了好几圈，就是不进；还有小 B 的那两个罚球，篮球也是在篮筐里转了好几圈，最后都鬼使神差地出来了，我们班运气不太好！而高二（6）班的运气就太好了，投一个进一个，尤其是最后那几个三分球，全被他们投中了。赛后体育老师也说，我们在场上占尽了优势，但就是运气不好。有一句话叫'谋事在人，成事在天'，希望大家能够明白这个道理，尽快从失利的阴影中走出来，没什么大不了的，以后还有很多机会。"

采用这种说话策略，班主任在一定程度上能和学生产生共鸣，基本上可以解开学生心里的疙瘩，从而使学生重新焕发出勃勃生机，达到了找学生谈话的目的。但是，正所谓"失败乃成功之母"，班主任不能把失利的原因全部归结到"运气不好"上，因为这样极易使得学生凡事总为失败找理由，不利于学生的全面发展。

3. 上上策

班主任觉得这是一个难得的教育契机，于是微笑着把道理慢慢地讲了出来："赛前我跟大家说过，一定要尽情享受比赛，同时要树立'有旗必夺，有一必争'的意识。在比赛过程中大家都做到了这两点，那有的同学可能就迷糊了，我们既没拿到旗，也没争到第一，怎么就做到了这两点呢？事实上，大家没明白这句话的意思，'有旗必夺，有一必争'说的不仅是结果，还有过程，也就是看大家有没有以最好的状态投入到比赛中，有没有赛出平时的最高水平，有没有想赢取比赛的那种斗志。大家这两天的心情我可以理解。但从比赛过程来看，我认为大家已经做到了最好，所以大家也就不必太看重结果了，胜败乃兵家常事嘛！另外，值得一提的是，最后一场比赛，我们也缺了一点运气，比如小 A 的那个三分球，篮球在篮筐里转悠了好几圈，就是不进；还有小 B 的那两个罚球，篮球也在篮筐里转了好几圈，最后都鬼使神差地出来了。我说这话的目的，不是鼓励大家为失败找客观理由，而是想让大家总结比赛中出现的不足，找到了这些不足，我们才能更快地进步，正所谓'吃一堑，长一智'嘛！"

采用这种说话策略，班主任既可以帮助学生解开心里的疙瘩，也可以让学生"参悟"些许做人的道理。

6. 学生只取得一次好成绩就自满

种种迹象表明小方已经变得骄傲自满了，这种骄傲自满无疑会使他退步得比当初的进步还快。

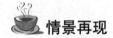 **情景再现**

我们学校每学期要举行四次考试，其中期中考试和期末考试是重中之重，这两次考试后，学校都会让取得好成绩的学生"披红挂彩"，成绩特别优异的学生还会被安排在全校师生面前"作报告"，这是很多学生心目中最高的荣誉。本次期中考试，幸运女神十分"青睐"我们这个普通班级，把这个"馅饼"不偏不倚地砸在了小方的头上。

小方是我们班的一名男生，分班时成绩只是中等，班级排名第23名，年级排名第152名，平时学习比较努力。在第一次月考中，小方的成绩有所进步，但幅度较小，从班级第23名升至第15名，从年级第152名升至第126名。经过一个月的奋斗，在本次期中考试中，小方的成绩取得了巨大的进步，从班级第15名跃升为第3名，从年级第126名跃升为第22名，竟然进入了年级"前30名大名单"！于是顺理成章地被评为校级"进步之星"，被安排在主席台上为全校师生"作报告"。同时，小方也成为本学年度第一个"作报告"的普通班学生。

但是令人意想不到的是，作完报告后的小方，像换了一个人似的，早晨起得也不早了，问问题的次数也少了，在自习课上偶尔还会说说悄悄话。更让人生气的是，他的数学作业也不交了。数学课代表让他写数学作业，他说自己都会了，没必要浪费时间在作业本上再抄写一遍。于是我在晚自习时把他喊进了办公室。

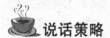 **情景分析**

骄傲自满情绪的产生主要是由于个体没有对自身形成正确的认识，通常是高估了自己。当个体低估自己的时候会产生自卑心理，而个体高估自己的时候就会产生自负或者骄傲自满的情绪。严格地说，任何人都是这样的，这是人的本性，只不过有些人不会把这种情绪表现得那么强烈。一个人做了件好事，或者做某件事情时有一点小小的成就，都会感觉很开心，会有一种满足感，为自己的劳动成果而高兴、自豪，这属于正常的心理现象。但是必须适当地控制和调节骄傲自满的情绪。因为骄傲自满会给我们带来很多害处。正如老舍先生所言："骄傲自满是我们的一座可怕的陷阱，而且，这个陷阱是我们自己亲手挖掘的。"因此，人们应该想方设法克制骄傲自满的情绪。要克制这种情绪，就一定要形成正确的自我意识，客观地评价自己，理性地看待成功和失败。

小方是一个比较聪明的学生，如果能继续像期中考试前那样踏实勤奋地学习的话，那么他的成绩上升的空间还非常大，高考也一定会考取一所不错的大学。但是，种种迹象表明，小方已经变得骄傲自满了，这种骄傲自满无疑会使他退步得比当初的进步还快。对于这种不踏实学习的学生，我一直有点轻视，觉得他们成不了"大气候"。但是，作为班主任，我不能把自己的情绪带到教育中来。这个时候，如果班主任不及时给小方敲敲警钟，他就极有可能会陷入失败、痛苦的境地。

说话策略

1. 下下策

班主任觉得教育小方这样的学生时，为了能达到醍醐灌顶的效果，最好来点暴风骤雨，于是严厉地批评道："小方，为什么不交数学作业？什么都会了是吧！期中考试你是考得不错，排名还一下子'飙升'到了年级第 22 名。你既然什么都会了，怎么不考个年级第 1 名给大家瞧瞧！学习贵在踏实，你看你，取得了一点小小的成绩就这样飘飘然，连作业都不做了，这还像不像话？我多次在班里说过，考试时有很多题目都是大家会做的，但为什么很多题目会做，却拿不到满分呢？就是因为平时骄傲自满、眼高手低，造成不必要的失分。你怎么不长记性呢？"

采用这种说话策略，班主任当然也是出于一片关爱之心，但是这种关爱里夹杂着冰雹和石块，只会让学生感到剧烈的疼痛。

2. 中策

班主任觉得，对于很多学生来说这种现象都是正常的，也没有什么可大惊小怪的，于是便很平静地说道："老师再次祝贺你在期中考试中取得了优异的成绩，这说明你是一名潜力很大的学生。如果能不骄不躁地坚持下去，成绩还会突飞猛进的。但是，通过这几天的观察，我感觉你有点飘飘然了，连数学作业都不做了。骄傲自满是一个人进步的最大敌人啊！《伤仲永》的故事我们以前学过啊，并非书香子弟的方仲永 5 岁时便能'指物作诗立就'，并'自为其名'，且'文理皆有可观者'，因而扬名邑中。到了十二三岁，才气渐减，'令作诗，不能称前时之闻'。到了成年，竟'泯然众人矣'。这不免令人扼腕叹息，一个神童，因为后天不勤奋努力地学习，沦为了一个默默无闻的庸人！刘向说，'人才虽高，不务学问，不能致圣'。郭沫若说，'形成天才的决定因素应该是勤奋。有几分勤学苦练，天资就能发挥几分。天资的充分发挥和个人的勤学苦练是成正比例的'。梅兰芳说，'我是个笨拙的学艺者，没有充分的天才，全凭苦学'。所以，踏实勤奋是形成天才的决定因素。如果你有骄傲自满的情绪，请你立刻消除，否则你将终尝苦果。"

采用这种说话策略，班主任通过经典故事和名人名言启示学生认识到骄傲自满的危害，也很容易让学生认识到自己的错误。这种方法有着广泛的适用性，但不免有点空泛，缺乏针对性。

3. 上上策

班主任觉得小方已经是高二的学生了，找他谈话时如果明着说他骄傲自满，极有可能会让他觉得在班主任面前"没面子"，于是旁敲侧击地说道："小方啊，进入高二以来，你的成绩一直都在进步，而且进步得越来越快，这让你的家长和老师都看到你高考成功的曙光了，你打算下次考试进步多少名呀？给自己制定目标了吗？"不管小方回答制定了目标还是没制定目标，班主任都继续说道："目标是人前进的动力，一个没有目标的人是不会进步的。老师相信你心里有自己的目标，你不会满足于自己目前的水平。虽然你在期中考试中取得了年级第 22 名的好成绩，但换一个角度想一想，你前面还有 21 个比你成绩好的学生呢，如果你对自己目前的成绩感到满足，那么我敢肯定下次考试就不止 21 个人排在你前面了，因为骄傲自满是阻碍人进步的最大敌人。你这次考试进步这么多，大家都很羡慕你，如果下次考试你退步这么多的话，你想一想别的同学会怎么看你。老师在这里就是想提醒你一下，千万不要出现这种让人尴尬的情况。"

采用这种说话策略，班主任正是基于"遣将不如激将"思想的考虑。小方是一位聪明而又很努力的学生，班主任只要这样轻轻地把道理点透，他就会克制自己的骄傲自满情绪。此外，这还会在一定程度上激发他的斗志，使他更加踏实勤奋地学习。

7. 学生极好面子又内心脆弱

其他犯错的学生都巴不得尽快逃离
那个"魔窟"，为什么小黄反而"赖"
在那里不走了？

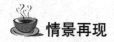 **情景再现**

本学期开学伊始，政教处成立了"违纪学生培训班"，利用课余时间把违反班规校纪的学生集中起来进行培训——背诵《中学生日常行为守则》，并且谈自己的感想。被"请"到培训班的学生要想"出来"，就必须熟练背诵《中学生日常行为守则》，而且思想认识要深刻。一段时间以来，很多学生都对这种新的惩戒方式感到惧怕，违纪违规现象也因此骤减。

某日，我们班小黄因为上课时打瞌睡也被"请"进了培训班。小黄是一名非常内向的男生，平时从来没违反过班规校纪。小黄被"请"进培训班的时候，我刚好在上课。下课后，突然接到政教处老师的电话，要我赶快把小黄"请"回去。其他犯错的学生都巴不得尽快逃离那个"魔窟"，为什么小黄反而"赖"在那里不走了？听政教处老师的口气，我感觉情况非常糟糕，于是赶快向培训班跑去。

当我赶到培训班时，政教处的两个主任都在陪着小黄呢，不过小黄谁也不理，独自一人趴在办公桌上抽噎。政教处主任向我做了个鬼脸，示意我赶快做小黄的思想工作，并把他"请"走。我拍了拍他的肩膀，小黄一看是我，由抽噎变成哭泣。我问："怎么了？"他不说话，还不停地哭。一个十七岁的大男生，现在哭得稀里哗啦的，肯定是受了天大的委屈。我觉得事情可能有点严重，赶紧硬拉着小黄走出培训班，这里的空气太凝重了。

我拉着小黄走到五楼没人的地方，递给他一包纸巾，轻轻地问道："他们狠狠地批评你了？"

他摇摇头。

"你不会背诵《中学生日常行为守则》？"

他还是摇摇头，依然一言不发。

"你平时表现都很好，今天突然进了培训班，是不是感觉很丢面子，怕同学笑话你？"

他不做声，也不摇头，算是默认了。

☕ 情景分析

自尊是个体对一般自我或特定自我积极或消极的评价，也是个体对自我行为的价值被他人与社会承认或认可的一种主观需要，是人对自己尊严和价值的追求。这种需要与追求如果得到满足，就会使人产生自信心，觉得自己有价值；否则就会使人产生自卑感、无能感。相对于获得健全的头脑、丰富的学识及幸福的生活来说，自尊更为重要。但是，人如果过分自尊的话，就会给心理带来不必要的负担。青少年正处于过分关注自身形象的关键时期，他们很在乎自己在同学、老师心目中的形象是否完美，一旦这种完美的形象被破坏，他们就难免会产生悲伤的情绪，同时会对使自己丢面子的事情和人深恶痛绝。此外，过分自尊心理的产生，还和许多青少年敏感多疑的性格有关，具有这种性格的人往往会不自觉地扩大事情的消极影响，甚至想象出根本不会发生的恶果，进而对他人的批评、指责和惩罚产生过激行为。

碰到这么"要面子"的男生，我还是第一次。很显然，小黄的性格有些敏感和脆弱。在日常的班级管理中，我们会遇到很多学生，不管班主任怎么点名批评他们，他们总是满不在乎，一副天不怕地不怕的样子。对于此类学生，即使是狂风暴雨式的批评也很难在他们的内心留下点痕迹，他们的心理素质无疑是"太好"了。这样的学生会慢慢地变成老师眼中的屡教不改分子、"老油条"，这是一个极端。很显然，小黄走向了另一个极端。不管是哪一个极端，无疑都是心理不健康的标志。作为班主任，我有责任对小黄进行开导，让他认识到每个人都会犯错误，而老师给予犯错误的学生一定的惩罚是正常的事情，并对其进行科学的心理健康教育。

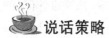 说话策略

1. 下下策

班主任感觉为了能尽快把小黄从泥淖中救出来，必须击中其要害，于是便直截了当地说道："小黄，你是一个男子汉，怎么连这点委屈都受不了？男儿有泪不轻弹，赶快把眼泪擦干。何况，培训班又不是针对你一个人才开的，全校违规违纪的学生都要在那里参加培训。学生犯错了，被老师批评，是天经地义的事情，并不丢面子，不要想那么多！"

采用这种说话策略，班主任错误地把小黄当作一名性格开朗、易于交流的学生了。这种直来直去的开导方式并不适合小黄，因为小黄本来心里就有解不开的疙瘩，而班主任这种直来直去的说话方式显然是对小黄的内心缺乏了解，似乎是在埋怨他。这样的语言无疑会增加小黄的心理负担，会让他承受更多痛苦。

2. 中策

班主任认为小黄现在如此狼狈和委屈，政教处也有一定的责任，于是替小黄打抱不平道："小黄，平时你一直都表现得很好，今天突然在课堂上打瞌睡，肯定是有原因的，而政教处老师不分青红皂白地就把你'请'进了培训班，他们实在是太鲁莽了！你一直是一个好学生，今天突然被'请'进了培训班，肯定觉得不好意思，担心同学们会对你有什么想法。不过你要想开一点，这是政教处老师小题大做，实际上你依然是一个优秀的学生，老师是这么认为的，其他同学也会这么认为，你不要太计较。"

采用这种说话策略，班主任能顺利地走进小黄的内心，也便于成功开导小黄，一定程度上会解开小黄的心结。但是，班主任只是从外界找原因，如果以后再遇到类似的事情，小黄会想到从自身找原因吗？也就是说，小黄能从班主任的开导中取得进步吗？答案很显然是否定的。

3. 上上策

班主任想让小黄能够正确地评价这件事情和自己，于是便微笑着说道："小黄，老师相信你今天在课堂上不是故意打瞌睡，肯定有一定的原因，但是恰巧被'请'进了培训班，难免心里会有一些委屈。如果换成是

我看到你在睡觉，我肯定不会立刻批评你，因为我了解你，知道你是一位优秀的学生。但是，政教处那些老师不了解你，他们看见你上课睡觉便按照规定办事，并没有了解事情的真实情况，所以显得有点鲁莽。不过，我们不能怪他们，你想一想，全校有那么多学生，他们怎么可能对每个学生都很了解呢？作为一个男子汉，即使老师批评错了，我们也要承受得起。你进了培训班，感觉很丢面子，说明你的自尊心很强，这是好事啊。但是，我们不能太看重这件事情，因为老师批评学生，并不是想让学生难堪，而是希望学生可以从中吸取教训并取得进步。你要往后看，不要老想着进过培训班这件事情。老师一直认为你是个优秀的学生，相信你的同学、家长也都这么认为！"

采用这种说话策略，班主任是在尽最大努力给小黄做解释和开导工作，这样才能真正地救治小黄的"疾病"，从而让小黄正确地评价这件事情并且正确地评价自己，逐步克服敏感、脆弱和"好面子"的弱点。

8. 学生喜欢做表面工作

> 他选择在我不经常出现的时候违
> 纪，而且还有我的课程表，对我的行踪
> 真是了如指掌！遇到这么"高明"的学
> 生，我还是第一次。

☕ 情景再现

第一次见到小李时，他就给我留下了很深的印象。那是在开学第一天报到的时候，其他同学见到我这个新班主任，虽然"礼数"都很周到，但显得有点沉闷、严肃。只有小李不同，他见到我时，微笑着向我打招呼。他的笑容特别亲切、自然，再加上一口标准而且十分有亲和力的普通话，让我对他"另眼相看"。开学第二天我就找他谈话，想让他竞选班干部，征求一下他的意见。他说自己现在不太适合做班干部，因为成绩不是很理想，他想一门心思地学习，把成绩快速提高上来。他不想做班干部，我心里有点遗憾，但内心却对他寄予了更高的期望。

开学初的一段时间，每次我到班里突击检查纪律，都发现小李在静静地学习，我的这些发现巩固了小李在我心中的美好形象。直到第三周，当纪律委员向我诉说小李在课堂上表现出说话、睡觉、乱换座位等种种违纪行为时，我简直不敢相信，这和我看到的不一样啊！但是纪律委员是一名认真负责的班干部，她的话也引起了我的重视。可是我很快又坚持自己原有的想法了，因为小李在我接下来几天里的突击检查中依然表现良好——认真地学习呢！

当纪律委员再次向我汇报小李的违纪情况时，我就对纪律委员直接表示了自己的怀疑："根据我最近几天的突击检查，我感觉小李的表现都是挺好的呀！"没想到纪律委员一下子笑了出来，说道："班主任，你那哪是突击检查啊，简直就是定时走访。我无意中在小李的桌子上发现了你的课程表，你没有课的时候他就老老实实，你有课的时候他就肆无忌惮。再说，你天天去教室检查的时间基本上都是那几个时间段，他已经心知肚明了。他知己知彼，屡试不爽啊。"纪律委员的话让我感觉到了自己工作中的疏漏。

于是接下来的几天里，我刻意地改变突击检查的时间，结果让我大失所望：小李真的不是在说话就是在睡觉。我担心冤枉了他，打算再多观察几天，但事实不容置疑地证实了纪律委员的话。

情景分析

所谓做表面工作，是指个体为了得到某种利益，而在关键人物面前采用虚假的处事方式，这种事情多发生在成人身上。喜欢做表面工作的人，一般都具有"灵活"的头脑，他们为了达到某种目的往往不择手段。实际上，从某种程度上说，这种人都是很"聪明"的，他们往往善于抓住关键机会，通过付出很小的代价而获得丰厚的回报，只不过他们错误地把自己的聪明才智用在让人唾弃的地方，不但不会使个人得到长远发展，还极有可能断送自己的前程。学生在老师面前做表面工作，可以说明两个问题：一是这个学生不想给老师留下坏印象，不想被老师批评，也不想让家长失望；二是这个学生希望自己能够体面地生活在集体中，具有很强的自尊心，但过于浮躁。

根据我以往的经验，我一直认为学生是"老实巴交"的代名词，怎么可能会出现这么"鬼"的学生呢？但是小李就是这么"鬼"。和其他违纪的学生不同，小李比较聪明，他选择在我不会出现的时候违纪，而且还有我的课程表，对我的行踪真是了如指掌！遇到这么"高明"的学生，我还是第一次。如果撇开学生违纪不说，单从这一件事情的安排来看，小李还是比较聪明的，其思维也是比较缜密的。如果他能把这些聪明才智用在学习上，成绩肯定会突飞猛进！我必须找他谈谈。

说话策略

1. 下下策

班主任认为这样的学生实在可气，竟然在老师面前玩起了把戏，简直不像一个学生的样子，于是便严肃地批评道："小李，开学的第一天你就给我留下了很好的印象，但让我没想到的是，这一切竟然都是假象！你偷偷地抄下我的课程表，猜准了我什么时候去班里检查。我去班里检查的时候你就老老实实，我不去检查的时候你就疯狂违纪。你这是在哄骗谁呢？有意义吗？都是高二的学生了，怎么连这点浅显的道理都不懂啊？这样你的成绩能提高吗？你还记得你当初是怎么跟我说的吗？你说你要一门心思地去学习，但是你现在却是在哄骗老师，哄骗家长，同时也是在哄骗你自己啊！长此以往，最终吃亏的将是你自己！"

采用这种说话策略，班主任无疑把话说得太直接了，其实对于小李这样的学生，班主任点到为止就可以了，否则不仅会显示出班主任的心胸狭窄，还会深深地伤害小李的自尊。小李之所以在违规违纪这件事上这么煞费苦心，是因为不想被班主任批评，想给班主任和家长留下一个好印象，这说明小李还是一位很在意"面子"的学生。

2. 中策

班主任认为这件事情不能一下子就上升到"哄骗父母、哄骗老师"的高度，于是提醒小李道："小李，通过这几天的观察，我发现你不像以前那样努力学习了，希望你能安安心心地学习，就像你开学初跟我说的那样，一门心思地学习，不管老师在不在班里，你都要做到。况且，学生的学习并不是做给老师看的，作为学生，应该对自己负责，不能搞半点虚假的东西。"

采用这种说话策略，班主任只是善意地提醒小李，希望小李能明白班主任的苦心，进而在违纪方面有所收敛。但是这样的表达略显委婉，可能不会在小李心中产生太深的影响。

3. 上上策

班主任想采用鼓励、警示的方法来转化小李，于是微笑着说道："小李啊，这几天我到班级突击检查的时间调整了，我发现你上课时不够专心，而前一阶段你还是比较认真的。有部分老师和同学向我反映，每当我去检查的时候你就比较老实，但是当我有课的时候你就会违纪，好像你有我的课程表似的，我们也好像是在捉迷藏。其实，从开学第一天起，我就觉得你是一个聪明而且思维缜密的学生，如果你能把这些长处都用在学习上，你的成绩肯定会突飞猛进，那样，当你父母来参加家长会或打电话向我询问你的情况时，我也好表扬你一番，相信你的父母会特别高兴的。但是如果你把这些长处用在别的地方，那就没什么大的意义了。你说是不是？"

采用这种说话策略，班主任是在心平气和地和学生进行交流。而且班主任通过这种交流，明确地向小李传递了三方面的信息：一是肯定了小李的优点；二是指出了小李行为中存在的问题；三是告诫小李，让他明白其错误行为所能带来的严重后果。这样小李就会开始思考自己的行为，从而逐步地从内心深处开始检讨自己以往的过失，并慢慢改正过来。

9. 学生成绩优异但又不满于现状

> 小茹看问题的视野竟然这样开阔，实在难得。她的这种不满足于现状的拼搏劲头和不屈不挠的斗志，深深地触动了我。

情景再现

在第一次月考中，小茹由分班时的班级第 9 名一下子"跳"到了班级第 1 名；在期中考试中，她更是稳坐钓鱼台，蝉联班级第 1 名。此外，小茹在年级的排名也由第 82 名跳到了第 30 名。总的来说，小茹所取得的成绩是非常可喜可贺的，这和她自身的努力有很大的关系。刚认识小茹时，我并不觉得她是一个聪明的学生，反而觉得她有点木讷。但是她不仅认真听讲、做笔记，还天天"缠着"老师问问题。功夫不负有心人，小茹终于取得了不错的成绩。作为小茹的班主任，她的努力我看在眼里，她优异的成绩我也喜在心里，但更让我感动的是她可贵的品质。她不攀比，不娇气；有志气，有毅力；不浮躁，不傲气。在现在的普通学校里，这样的学生太少见了。我能遇到这么一位学生，是我为人师者极大的幸运。第一次月考后，我并没有单独找她谈话表扬她、鼓励她，因为我觉得没必要，小茹知道自己应该怎么做。但是期中考试后，我打算单独找她谈谈。

我把小茹喊到办公室，让她坐在我的对面。她不坐，说站着就行。我说你和老师是平等的，你不坐，老师也站起来，她这才肯坐下。我直接说道："小茹啊，在这两次考试中，你都考出了不错的成绩，老师恭喜你！"谁知小茹脸一红，说道："老师，这些算什么啊？我是在普通学校的普通班，我们这里的第一，不要说在全省了，就是在全县又能排第几呢？我的成绩实在不值得老师夸奖。"

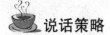

情景分析

自满指因满足于自己已有的成绩而沾沾自喜的心理状态。事实上，自满宛如前进道路上的沟壑，好像能令人自我陶醉的海洛因。产生这种心理，会使人缺乏继续努力的动力，变得骄傲自大、不思进取。相反，人在一定程度上不满足于现状，不仅有利于发扬自身的优点，培养、激发、维持个人奋斗的动力，而且有利于实现更高的目标。但是，人如果过分地不满足于现状，又极有可能给自己带来很大的心理压力，不仅不能实现更大的目标，还会让人心情浮躁、郁郁寡欢。

以往我也表扬过很多取得了优异成绩的学生，他们大多微笑着默认，像小茹这样"清醒"的学生，我还真没遇到过。她很清楚，高考的竞争不只存在于学校内部，而是在全省范围内展开，取得普通学校普通班的第一名，的确没有什么值得沾沾自喜的。小茹看问题的视野竟然这样开阔，实在难得。她的这种不满足于现状的拼搏劲头和不屈不挠的斗志，深深地触动了我。

说话策略

1. 下下策

班主任担心小茹会因为目标过高而给自己带来太大的心理压力，试图从事实入手帮助小茹正确地看待问题，于是微笑着问道："小茹啊，一直以来你学习是不是都这么努力？"班主任在小茹回答后进一步说道："如果你以前没怎么努力学习，现在一努力，就取得了这么好的成绩，那么我希望你就像刚才说的那样，树立更高的目标，这样才有足够的动力。但是，如果你以前就很努力学习，而成绩一直以来却没有很大的起色，那么老师就要告诉你，我们必须客观地评价自己，一个人的能力往往是有限的，我们不能过高地要求自己，否则将会身心疲惫、郁郁寡欢。"

采用这种说话策略，班主任是真心地关爱着小茹，但是所说的话听起来冷冰冰的，像是在小茹火热的劲头上泼了一大盆冷水，会在无形之中伤害到小茹。这样做极有可能使小茹走向两个极端，要么斗志更加昂扬，憋着一股劲非要做出个样子让班主任看看；要么一蹶不振，既然班主任都这么说了，自己再怎么努力也不会有太大的突破，那还不如不努力呢！不管出现哪一种情况，班主任都是帮了倒忙。

2. 中策

班主任认为作为老师，此时应对小茹的斗志大加赞扬，于是激情洋溢地说道："小茹啊，好样的！你不服输，敢拼搏，有志气，对此老师感到非常高兴。另外，你看问题看得很清楚，知道自己的劣势，这样你才会不满足于现状，才会不断地奋斗，进而取得更大的进步。老师相信你，好好干，老师支持你！"

采用这种说话策略，班主任无疑是在小茹火热的劲头上浇了一桶汽油，会让小茹更加坚定地去拼搏，激发了小茹更大的奋斗热情，在一定程度上对小茹的学习起到了激励的作用。但是，按照素质教育理念的要求，学生在学校不仅要学习科学文化知识，还应培养自己的其他能力，享受青年时代美好的生活。作为老师，不能一味地把学生限制在枯燥乏味的学习中，这样不利于他们的健康成长。

3. 上上策

班主任认为学生要想取得更好的成绩，良好的心态是最重要的，于是非常耐心地解释道："小茹啊，你的努力老师都是看在眼里的，你所取得的成绩也确实是非常优异的，是很不容易的事情，所以老师觉得可喜可贺啊。老师听了你刚才说的话，非常高兴，一句话，有志气！但是我要提醒你三点：一是不能太过于贬低自己，虽然我们是普通学校里的普通班，但是我们学校也有非常优秀的学生，我们和重点学校的差距在于学生的平均水平，而不是每个学生都存在差距，所以你呀，不管放在哪里，都是很优秀的；二是人的潜力是很大的，虽然我们身边没有多少竞争对手，但是我们应该把视线放远点，我们可以向其他学校最好的学生看齐，就像你刚才说的那样，要戒骄戒躁，要不满足于现状，这样才能获得最后的成功；三是作为学生，努力了，问心无愧就好，千万不要强求自己必须取得怎样的成绩，要客观地评价自己的能力，因为学习成绩的好坏和很多因素有关。老师希望你在学习的同时也要生活好，这样才能为学习打下一个良好的基础。"

采用这种说话策略，班主任一方面肯定了小茹的志气、毅力以及拼搏精神，这是对小茹的最好的表扬和鼓励；另一方面也告诉小茹不要把注意力全部放在学习上，而应该健康、全面地发展。只有这样的工作方式才是人性化的。

10. 大型考试后做总结工作

> 有一句话叫'做一件好事不难，难的是一辈子都做好事'，同样的道理，进步一次两次容易，难的是一直在进步。

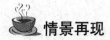 **情景再现**

本次期中考试，我们班取得了不错的成绩，平均成绩和一类班的差距大幅度减小，还有十一位学生进入到年级前五十名，其中有一位学生进入到年级前十名，可以说，我们班已经可以和一类班"抗衡"了！而我们班所用的时间只有两个月！当然，也有不尽如人意的地方。

本学期开学初，整个高二年级学生（162人）共分出三个班，其中一个一类班，囊括分班考试中的前六十名学生，剩下的102人分成两个平行班，我们班就是其中的一个平行班。刚接手这个新组建的平行班时，我就采用了目标管理法，在班委会以及全班学生大会上共同制定了短期奋斗目标和长期奋斗目标。其中长期奋斗目标是利用一年的时间，也就是在高三上学期结束前，和一类班"平起平坐"。目标实现的标志就是和一类班的总分、平均分持平或略有优势，年级前五十名的占有比例和一类班持平或略有优势，没有学生排在年级最后二十名。短期奋斗目标分为两个部分：一是在第一次月考和期中考试中，逐步缩小和一类班平均分的差距，有8—10位进步较快的学生进入年级前五十名，我班学生没有人排在年级最后十名；二是在第二次月考和期末考试中，逐渐接近一类班的平均分，某些优势科目可以和一类班相媲美，有12—15位学生进入到年级前五十名，并且有少数学生进入到年级前十名，年级倒数十五名学生中没有我班的学生。

按照这样的目标，在本次期中考试中应完成短期奋斗目标中第一部分的任务。目标完成的具体情况为：总平均分指标，分班时，两个平行班和一类班的平均成绩相差 40 分，在本次期中考试中，我班的总平均分和一类班相差 29 分，而另外一个平行班的总平均分和一类班的差距是43 分，此目标基本实现；年级前五十名中，我班有十一位同学，此目标超额完成；年级倒数十名学生中，我班有一位同学（倒数第八名），此目标未完成。

情景分析

期中考试属于诊断性考试，可以有效地反映出学生一段时间内的学习情况，老师可以通过这些基本情况来调整自己的教学策略，以便因材施教、因人施教。而学生通过考试反馈的结果，可以对自己的阶段学习有一个准确的认识，以便在知识上查漏补缺，在学习策略上扬长避短。这种诊断功能应该是我们阶段考试的主要目的。至于分数和名次，我们也不要过于避讳，因为它可以给学生一个在学习过程中的坐标，便于学生从横向和纵向两个方面来评价自己、定位自己。所谓横向，就是和其他同学有一个比较，可以激发学生的斗志并培养学生的竞争意识。所谓纵向，就是看自己的学习是进步了还是后退了，以便学生及时总结经验、教训。考试作为一种重要的评价方式，往往是通过分数和名次来反映学生成绩的，但一次考试的分数和名次并不能真正反映学生的知识层次和技能水平。不论是诊断性考试还是选拔性考试，分数和名次不但与学生的努力程度有关，还与学生的应考素质，考前和考试过程中的身体状况、心理状态，以及一些不可预料的因素有关。有时这些非知识性因素对考试成绩的影响是非常大的，关于这点大家应该有共识，所以如果仅以一次考试成绩就给学生下定论的话，难免有失公平、公正。

通过两个月的共同努力，我们的短期奋斗目标的第一部分任务已经基本完成，作为班主任，我为取得这样的成绩而感到高兴和自豪。但是，这只不过是万里长征的第一步，我们还有很多事情要去做，来不得半点懈怠。

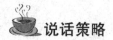 **说话策略**

1. 下下策

班主任在愉快地介绍完本次期中考试的基本情况后，又大加赞赏道："有一句歌词叫'爱拼才会赢'，大家通过两个月的努力拼搏，已经取得了不错的成绩，可喜可贺。我以前就说过，我们并不比一类班的学生差，只要我们有良好的学习习惯、科学的学习方法和奋斗精神，我们就一定会成功。现在，大家在各个方面都做得很好，希望大家在以后的学习中再接再厉，争取更大的进步！"

采用这种说话策略，主要表现了班主任的高兴和自豪的心情。虽然在取得不错的成绩时班主任应该与生同乐，但同时班主任也应该适度调整心情，把学生没想到的事情想一想，帮助学生制订长远的计划，提醒学生不要骄傲自满。总之，班主任在肯定成绩的同时，也应该做全面、长远的规划。

2. 中策

班主任虽然心里很高兴，很自豪，但是担心学生会骄傲自满，于是故意面无表情地说道："此次期中考试的情况，想必大家已经都知道了。据我所知，一部分同学仅仅把目光停留在我们完成了短期奋斗目标的第一部分的任务上，所以这两天以来，你们都比较高兴，这是人之常情。但是，大家有没有想过，我们依然落后于别人。难道大家已经满足于现在取得的成绩了吗？我相信很多同学心里都憋着一股劲儿呢，一股想走在别人前面的拼搏劲儿！我们并不比别人差，但是这需要我们用实际行动来证明。所以，我认为大家在看到成绩的同时，更应该看到差距，这样我们才能持续地进步！"

采用这种说话策略，班主任是在某些学生发热的头脑上泼了一盆"冷水"，以及时纠正某些学生的骄傲自满心理，并培养全体学生继续奋斗的意识。虽然这种表达方式显得班主任有些冷漠和不通情理，但毕竟提醒了学生不能骄傲自满，要认清差距，可以收到"防止学生整体退步"的效果。

3. 上上策

班主任感觉这不仅是一个培养学生集体意识的关键时刻，更是一个激励学生继续奋斗的良好契机，于是微笑着说道："此次期中考试的情况，想必大家已经都知道了。我现在高兴地宣布，我们取得了可喜可贺的成绩！有很多学生喜欢看奥运会，每当我国体育健儿拿奖夺牌的时候，会场上都会响起庄严的国歌声，这不仅是个人的荣耀，更是一个国家的光荣！同样的道理，此次我们之所以能够取得如此优异的成绩，是因为我们集体共同努力的结果，这是我们整个集体的荣誉。现在请文艺委员领唱，我们共同演唱我们的班歌。"班歌演唱完之后，班主任略微调整一下表情，进一步说道："这只是一次阶段性考试，大家不要把眼光仅仅放在分数和名次上，因为阶段性考试的主要目的就是诊断大家在前一阶段学习的情况，以便大家及时查漏补缺，希望大家在今明两天总结一下自己在这次考试中的经验和教训，以便下一阶段更有效地学习。有一句话叫'做一件好事不难，难的是一辈子都做好事'，同样的道理，进步一次两次容易，难的是一直在进步。虽然我们已经缩小了同一类班的差距，但是我们依然落后于别人。事实已经证明，只要我们努力，我们就会取得进步，我们并不比别人差，为什么就不能走在别人的前面？我们既要注重已取得的成绩，更要看到和别人的差距，就像我们以前喊的口号一样，'有一必争，有旗必夺'。希望同学们戒骄戒躁，以饱满的热情、坚定的意志和十足的信心投入到下一阶段的学习中，争取更大的进步，并实现走在最前列的梦想。"

采用这种说话策略，一是体现了班主任为学生的巨大进步而感到高兴的心情，二是强化了学生的集体意识，三是教师切实地充当了引导者、合作者、促进者和服务者的角色，而这些都是一个班主任应尽的义务。此外，班主任的热情和清醒的认识会对学生产生巨大的影响，对学生下一阶段的学习也会起到良好的指导作用。

11. 学生认为读书无用

> 摆在高中生眼前的事实就是很多大学生都找不到工作或找不到好工作，在他们眼里这无疑就是"读书无用论"的最好佐证。

情景再现

我和小磊认识已经将近一年了，以前只代过他的文化课，这次分班他被分进了我们班。在我眼里，小磊一直是一个默默无闻的学生，成绩也一般，在各个方面基本上都是不显山、不露水。分班时，我找他谈过一次话，想让他当个小组长锻炼锻炼，但是他拒绝了。这之后，也没有同学和老师向我反映过他有什么问题，我自己也没觉察到。但是，本周以来，我觉得小磊怪怪的，虽然他上课时是在盯着老师和黑板看，好像在认真听课，但是我感觉他那是在发呆。于是上课时我有意找他回答了一个问题，他竟然连问题是什么都不知道！下课后，我没有直接找他谈话，而是打算看看他以后的表现再做计划。不过，接下来的几天，小磊依旧一直在发呆，我觉得必须找他谈话了。

在一天晚自习课上，我把他喊出来，在一段嘘寒问暖之后，我直奔主题，问道："小磊，最近你的状态不太好，是不是有什么心事？"

"没什么心事，就是感觉上学没什么意思，即使考上本科又能怎样呢？我身边就有好几个赋闲在家的本科生呢！"小磊也直爽地说道。

情景分析

最近几年，"读书无用论"开始蔓延，特别是高校毕业生严峻的就业形势更加剧了"读书无用论"思想的泛滥，网络上将其形象地概括为"上学也考不上，考得上也供不起，供得起也找不到工作，找得到工作工资也不高，还不如一个打工仔"。慢慢地，这种思想也侵入了高中生的头脑。做班主任最重要的工作就是做好学生的思想工作，学生的思想工作做通了，就会一通百通。但是，如何科学有效地证明"读书无用论"是错误的呢？摆在高中生眼前的事实就是很多大学生毕业后都找不到工作或找不到好工作，在他们眼里这无疑就是"读书无用论"的最好佐证。

事实上，"读书无用论"产生的根本原因是升学率低、学费高、就业难，和学生的思想品质没有关系。一部分学生说读书无用，只表示他们在面对激烈的竞争时，选择了消极应对的方式。其实，他们并不真正地认为读书无用，他们也非常羡慕那些坐在写字楼里、有着稳定的工作、拿着高薪的人，但是大部分这样的人无疑都闯过了"千军万马过独木桥"似的高考，都在大学校园里接受了正规的高等教育，成功来之不易。由此可见，信奉"读书无用论"的学生事实上也是怀着一种复杂、矛盾和无奈的心情。

 **说话策略**

1. 下下策

班主任想让学生认识到大学生就业还是存在一定优势的，于是直截了当地说道："最近几年，大学毕业生数量逐年增加，而且数目庞大，所以就业形势越来越严峻，这是不争的事实。但是，我们也应该看到，还有很多大学生找到好工作了呀！比如外企高薪聘用的管理人员，国家、省、市机关单位录取的公务员，大型企事业单位招聘的工作人员，哪一个不是大学生？高中生有机会得到这些炙手可热的工作吗？有了大学文凭，你才有敲门砖！否则，就连好工作的大门都摸不到！"

采用这种说话策略，班主任实际上就是在说信奉"读书无用论"的学生的思想是错误甚至是幼稚的。但是，我们面对的是高中生，这些简单的道理他们都懂，班主任这样说反而会让他们反感，他们就很难再接受班主任的劝说了。

2. 中策

班主任认为应该做一个系统的分析，于是条理清晰地说道："小磊，你提出的这个问题，不只是你一个人这样想，还有很多学生也这样想，所以你在心理上不必有什么压力。其实，这个问题，我们也可以这么看待。好工作毕竟少，而且要通过激烈的竞争才能获得，只有德才兼备的大学生才能在千军万马中胜出。有个北大的学生去卖猪肉，卖了几年之后，他开了很多家连锁店，生意不仅做大了，而且做强了。同样是卖猪肉，为什么其他人没有取得他这样的成就呢？就是因为大学生在大学里不仅学习了知识，更解放了思想、开阔了视野。你可以看看你身边那几个赋闲在家的大学生，他们几个人的性格、能力如何，你只要分析一下，就会发现他们在某些方面都存在不足。通过上面的分析，我想你可以看到上大学的好处还是非常多的。"

采用这种说话策略，可以看出班主任的苦口婆心。班主任不仅明确表明了自己的观点，而且做了详尽的分析，条理清晰，论据充分，相信可以引起学生的思考。另外，班主任对学生的关爱之心，相信学生会一点一点地感觉到，这更促使学生去认同班主任的观点。不过需要说明的是，班主任的这种分析是比较大众化的，并没有针对小磊的情况展开，效果也许并不明显。

3. 上上策

班主任认为小磊之所以有这样的想法是有深层次的原因的，试图通过"曲线救国"的方式帮助小磊转变思想，于是微笑着说道："今年是2009年，十年前我刚好读高一，那时也有很多学生觉得上学没什么意思，尤其是在自己考试成绩不理想、进步缓慢或看到不上学的同龄人更加自由的时候。比如，那时我的一个同学初中毕业后，就跟着家长到广东打工，进了一家服装厂，一个月除掉生活费还可以剩下近600元。那个时候的600元可不少呢，我高一时的化学老师，那时刚刚大学毕业，他一个月的基本工资也才600元。那时我也觉得外面的世界真好，上学一点也没劲。回家之后和父母说了自己的想法，被狠狠地批评了一顿。父母的一句话惊醒了我：'教书可以教到六十岁，在外面打工可以打到六十岁吗？不要只图一时的快乐，要看长远，否则将来你还会在黄土地里流血流汗！'当时我能坚持下来，理由很简单，就是想以后轻松一点。而且，读书不仅仅是一种谋求丰富的物质生活的手段，还是获得优越的精神生活的必经之路。读书的人和不读书的人在生活品位、思考方式和处世原则等方面是完全不一样的，读书的人更容易成就一番事业。我当时是这么想的，不知道你现在是因为什么不想读书?"（待小磊回答后，就可以有针对性地进行分析了!）

采用这种说话策略，班主任并没有就事论事，而是用自己的经历做例子进行合理的分析，这样学生心里很容易接受班主任的话，从而不自觉地会把自己不想上学的缘由和班主任的相比较。在听完班主任的"坦白"后，小磊也自然会袒露心扉，因而班主任就可以对症下药了。

12. 学生突患重病

作为老师，我当然希望小禅能够正确看待这件事，能够乐观地面对以后的生活，能够坚强地生活下去，因为当灾难突然降临时，我们别无选择，只能坚强面对。

情景再现

今天中午我正在午睡时，突然手机铃声"嗡嗡"地响了起来，打开一看，是小禅："老师，我不想读书了，我的右耳一点声音都听不到了，很多同学都埋怨我故意不理他们。我不想读书了，我想回家，前几次向你请假说家里有事，其实都是骗你的。我只想呆在家里，老师，对不起！"

"右耳一点声音都听不到了！"我简直不敢相信。

我上学期就代过小禅的课，这学期小禅又被分到我的班里，将近一年的师生交往，让我对小禅比较了解。小禅来自农村，父母都务农，父亲趁农闲季节外出打一点零工贴补家用，家境比较贫寒。小禅具有来自贫寒家庭学生的所有特征：勤奋好学，有礼貌，腼腆，略显自卑、敏感。

我拿着手机的手不停地颤抖，这突如其来的灾难像一块巨石，把我压得快要窒息了。原来，小禅今天请假，是想逃避学校里的生活。经验告诉我，必须迅速地稳住小禅的阵脚，于是给她发了一条短信："小禅，在老师的心目中，你是一名优秀的学生，永远都是！今天晚上，老师想和你好好聊聊！"很快，小禅回复了短信："老师，谢谢你，晚上我会准时到学校的。"

情景分析

天有不测风云，人有旦夕祸福。小禅今年才17岁，正是花季少女，也是特别关注自身形象的时期，这从天而降的病魔，对她来说无疑是无底的痛苦深渊。在知道她患病后，我迅速地去搜集这方面的信息，耳朵失聪很难恢复，而且治疗费用极高，这对原本就贫寒的家庭来说无疑是雪上加霜。而这一切，却都要由一个十七岁的女孩来面对。经济方面的困难不容忽视，心灵方面的伤害更需要救治。小禅很可能会被病魔击倒，进而一蹶不振、郁郁寡欢，把自己封闭起来。作为老师，我当然希望小禅能够正确看待这件事，能够乐观地面对以后的生活，能够坚强地生活下去，因为当灾难突然降临时，我们别无选择，只能坚强面对。但是，从小禅的短信来看，小禅的压力非常大。看来，我这个班主任要花一番大力气来开导开导她。

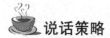 ## 说话策略

1. 下下策

班主任非常担心小禅会被击垮，于是见到小禅后就侃侃而谈道："小禅，有一句话，老师想和你分享，'逆境是一笔财富'。张海迪5岁时因患脊髓病，胸部以下全部瘫痪，但她身残志不残。从那时起，张海迪开始了她独特的人生历程。她无法上学，便在家自学了中学课程，又自学了大学英语，还学习了日语、德语和世界语，翻译了16万字的外文资料；另外，她还自学了十几种医学书籍，同时向有经验的医生请教，学会了针灸等医术。为了能对社会有所贡献，她曾给农村的孩子当过老师，还曾用学到的医学知识和针灸技术为群众无偿治疗达1万多人次。她还用学过的无线电技术，在山东省莘县广播局做无线电修理工。1981年12月，《人民日报》首次报道了张海迪的事迹。1983年5月，中共中央号召全国人民特别是青少年向张海迪学习，邓小平、叶剑英等老一辈革命家为张海迪题词。此后，张海迪的名字传遍中国。通过张海迪的事例，老师想让你明白，当遭遇灾难时，我们要勇敢、坚强、乐观地面对，这才是正确的人生态度。"

采用这种说话策略，班主任显然已经把小禅当作了一个右耳永远失聪的病人来看待，班主任的出发点虽然是想鼓励小禅勇敢地生活下去，但同时也断绝了小禅心中康复的希望。一个花季少女再怎么坚强，也绝不可能轻易接受右耳永远失聪的现实。班主任的这种说话策略，在为小禅打开一

扇窗的同时，却关闭了一扇门。

2. 中策

班主任担心如果直接讨论小禅右耳失聪的事情，极有可能让小禅伤心，于是模棱两可地说道："小禅，这件事不要看得太重，老师已经查过了，这种病可以恢复，但是要尽早治疗。现在医学这么发达，老师相信你的右耳会很快好起来的！"

采用这种说话策略，班主任给小禅带来了康复的希望，这无疑会使她十分开心。但是，班主任模棱两可的态度，往往会让敏感的小禅感到事态的严重，有点此地无银三百两的感觉。

3. 上上策

班主任虽然感同身受，但是依然微笑着说道："小禅，这一阶段你承受了不小的压力，而老师却没有觉察到，老师向你表示歉意。对于这件事情，老师想向你提几个建议。首先，我们同学都只有十六七岁，有的时候说话可能会很随意，他们无意中的一句话可能都会让你觉得委屈、难受，所以对于你右耳的问题，你最好先在同学面前保密，以免产生不必要的麻烦，心里有什么想不通的事情，可以找最要好的朋友谈谈，也可以找老师说说。其次，老师希望你能客观地看待这件事，遇到这样的事情，任何人都会觉得很难受，老师能理解你的心情，但是现在事情既然已经发生了，那么我们所能做的就只有勇敢地面对，积极地寻找解决问题的办法。另外，现在医学这么发达，我相信你的右耳会很快康复的。你是你父母唯一的女儿，可以说，你是他们幸福的源泉，你患有这种疾病，父母比你更难受，还要担心你被病魔击垮。这个时候，老师希望你比以前要更加坚强，这样才能让父母放心。毕竟你已经是高二的学生了，也应该替父母着想了。"

采用这种说话策略，班主任不仅是在安慰学生，而且站在学生的立场上，提出了一系列帮助学生解决问题的建议。由此可见，班主任是在切实地为学生出谋划策，急学生之所急，想学生之所想。另外，作为一名引导者，班主任要为学生的处境做全面的考虑，既要避免学生受到更多的伤害，又要培养学生应有的处事态度，这样学生对未来生活中遇到的困难就不会感到惧怕。

13. 突遇公共卫生安全事件

> 我们在战略上轻视它，但在战术上
> 还需要重视它，对此，我们要采取科学
> 合理的预防措施。

情景再现

春季是各类传染病的高发季节，尤其是在人口密集区，再加上最近几年接连出现的非典型性肺炎、禽流感以及手足口病等传染病，更容易引起人们的恐慌。本周二，我校高三（7）班的两位学生和高三（5）班的三位学生感染了风疹，虽然距离高考仅剩下一个月的时间了，但是学校还是要求他们去医院彻底治疗，必须等痊愈后才能返校。这件事情发生后，学校除了召开班主任、后勤人员和全体任课老师会议外，还在每天的晨会上着力宣传，搞得人心惶惶。与此同时，刚刚在美国和墨西哥爆发的猪流感又在学生中间投下了一颗炸弹，致使学生们更加恐慌。周一我班的小俊发热、流涕、咳嗽、咽喉痛，本来是普通的感冒，但是她却说她星期天在家时见过一头猪，可能患的是猪流感。这样，学校不得不一方面带她到医院诊断病情，另一方面要求小俊同寝室的同学对寝室进行消毒。遇到这样的事情，学校一点也不敢怠慢。待在教室里的学生，虽然没有紧张到寝食难安的地步，但是也十分关注这件事，不能完全静下心来学习。

情景分析

春季是一年中最美好的季节，但也是一些传染病的高发季节。流行于春季的常见传染病主要有流行性感冒、麻疹、流行性腮腺炎、猩红热、水痘和流脑等，再加上最近几年出现的非典型性肺炎、禽流感、手足口病以及猪流感，致使春季成了人们心目中的"危险季节"。但是，所谓危险，也只是相对而言的，只要人们坚持锻炼身体，增强体质，注意饮食、卫生习惯，以及掌握必要的防护常识，足以应对各种传染病。也就是说，"危险季节"并不值得人们恐慌。

尽管如此，安全责任重于泰山，对于学校来说，更是如此。所以当学校发现风疹病例之后，立即要求患病学生离校接受治疗，同时成立应急中心并制定了应急预案。其中各班主任任小组长，负责宣传、定时检测和及时上报的工作，这样班主任就成了第一责任人，不敢有丝毫的懈怠。

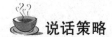 **说话策略**

1. 下下策

班主任感觉责任重大，为了能够充分引起学生的重视，于是在学校的宣传基础上"添油加醋"地说道："我们学校已经出现了两个风疹病例，这说明这种病毒已经侵入了我们的校园，虽然我们进行了彻底的消毒，但不可能没有漏掉之处，而且即使及时消毒了，也不可能把所有病毒全部杀死。因此我们每一个人随时都有被传染的可能，这就是俗话说的'防不胜防'啊。因此，我们每位同学都要密切注意自己身体的变化，一旦出现发热、流涕、咳嗽、咽喉痛等症状，一定要及时向我报告，这样才能争取在刚刚发病的阶段就得到及时的治疗，也才能把伤害降到最低，从而让你们的父母放心！"

采用这种说话策略，班主任是从学生安全的角度出发，夸大了病毒的传染性。按照班主任的说法，"不可能把所有病毒全部杀死"，"每一个人随时都有被传染的可能"，这样学生还怎么可能静下心来学习！班主任的讲话无疑会成为加剧学生恐慌的催化剂。

2. 中策

班主任认为让在校学生安心学习很重要，所以想尽力地向学生解释传染病是可防、可控、可治的，于是轻松地说道："我们学校已经出现了几例风疹病患者，虽然学校要求他们离校接受治疗，但实际上患有这种传染病的学生在接受正规治疗后很快就会康复。因为我国对此类传染病有丰富的治疗经验，只要患者及时接受治疗，一般都能在很短的时间内康复，并没有大家想象的那么恐怖。另外，对于刚刚爆发的猪流感，大家就更可以放心了，因为这种传染病先是在美国和墨西哥流行，我国在得到消息后，在第一时间制定了预防措施，对从外国进入我国境内的游客，我们都采取了先观察七天，确保没有被感染才允许其入境的措施，这说明我国在阻断病源方面做了切实有效的工作。再说，猪流感这种传染病在人群中间传染的可能性很小。所以，大家也可以看到，这些传染病都是可防、可控和可治的！只要大家平时稍微注意一下，及时发现，尽早治疗，就不会出现大问题，大家不必过度担忧，尽可安心地学习！"

采用这种说话策略，班主任主要是在进行"安抚"工作，这在一定程度上可以缓解学生的心理压力，从而消除学生的恐慌情绪，达到让他们安心学习的目的。但是，学生的生命安全也是非常重要的，不允许有半点差错，所以班主任在安抚学生的同时，更应告诉学生科学预防传染病的方法。

3. 上上策

班主任认为不仅要消除学生的恐惧心理，还应教给学生科学的预防方法，于是条理清晰地说道："我们学校已经出现了几例风疹病患者，虽然学校要求他们离校接受治疗，但实际上患有这种传染病的学生在接受正规治疗后很快就会康复，因为我国对这类传染病有丰富的治疗经验，只要患者能够及时接受治疗，一般都会在很短的时间内康复，并没有大家想象的那么恐怖。另外，对于刚刚爆发的猪流感，大家就更可以放心了，因为这种传染病首先是在美国和墨西哥流行，我国在得到消息后，在第一时间制定了预防措施，对从外国进入我国境内的乘客，我们都采取了先观察七天，确保没有被感染才允许其入境的措施，这说明我国在阻断病源方面做了切实有效的工作。再说，猪流感这种传染病在人群中间传染的可能性很小。通过以上几点，大家也可以看到，这两种病毒是可防、可控和可治的！只要大家平时稍微注意一下，及时发现，尽早治疗，就不会出现大问题，所以大家不必过度担忧，尽可安心地学习！当然了，我们在战略上轻视它，但在战术上还需要重视它，对此，我们要采取科学合理的预防措施。首先，大家要养成良好的个人卫生习惯和饮食习惯，比如保持室内通风，勤用肥皂洗手，不买地摊食品，不随地吐痰，不与患有传染性疾病的人接触等等。其次，我们要加强锻炼，提高自身免疫力。事实证明，多数患有传染病的人体质都比较虚弱，而身体强健的人却能做到'百毒不侵'，这说明了身体强健的重要性，所以我们大家要充分利用晨跑和体育课的时间坚持锻炼。最后，大家要对这些传染病的症状有一个清晰的了解，一旦发现同学有类似症状或发现自己的身体有异样，要及时向班主任汇报，这样我们才能更好地保护自己，这一点请大家牢记，千万不可掉以轻心。"

采用这种说话策略，班主任不仅对学生进行了安抚，以消除其恐惧心理，而且教给学生科学合理的预防方法，同时也告诉了学生应急措施——出现不良情形时立刻向班主任汇报。这样班主任就做好了全面的准备工作，不论发生什么情况，都可以从容应对。

14. 学生过于悲观

以小雨的实力，如果踏踏实实地学下去，考取一个重点大学都是极有可能的。但是，他好像看不到自身的优势，同时还过分强调客观形势的恶劣。这说明小雨内心过于悲观。

情景再现

第一次接触小雨还是在上学期，当时他在别的班级，我是他的化学老师。他在课堂上并不积极回答问题，但很喜欢在课下"缠着"老师问问题，当时给我的感觉就是这个学生挺有个性，属于那种心里有数的类型。在第一次月考中，小雨的化学考出了 92 分的好成绩，这也在我的预料之中。不过，让人奇怪的是第一次月考结束后，小雨不仅在课堂上不主动回答问题了，而且在课下也不问问题了，我当时以为他可能是没遇到难题，所以就没放在心上。他在之后的期中考试中化学仅仅考出了 61 分，我感觉肯定有问题，就先去找他的班主任打听情况，原来他的每科成绩都是直线下滑，他的班主任已决定找他谈话。不知道是谈话产生了效果，还是小雨自己茅塞顿开，期中考试后他又开始经常问问题了，在第二次月考中他也取得了让人欣慰的成绩。但是他在期末考试中的成绩又跌入低谷。这种成绩好坏交替出现，说明他的思想处于剧烈的波动之中。

本学期学校重新调整了班级，他被分到了我的班里。开学没两天，我就找他谈话，并把我在上学期对他的观察和思考告诉他，想从他口中得到一些有意义的信息，从而采取措施来帮助他。但是，在面对我的疑问时，小雨三缄其口，被我问急了，他就说可能是因为一段时间学的内容比较简单，一段时间学的内容比较难吧。这明显是在说谎！但是，即便知道他在说谎我也没办法，心急吃不了热豆腐，我需要时间来了解他。在本学期的第一次月考中，他考出了全班第 5 名的好成绩，学习情况和以前差不多，课堂上很少回答问题，但课下经常问问题。第一次月考后，我怕他的成绩再像以前那样跌入低谷，就在课堂上有意无意地频繁地提问他，不让他松懈。但是，我的努力并未得到回报，他在本学期的期中考试中成绩仍一落千丈。我决定再找他谈谈。

"从上学期我带你的化学课开始，你的成绩就是一次好、一次差，这学期你还是这样，第一次月考你考出了全班第 5 名的好成绩，但这次期中考试你又跌到了全班第 28 名。开学初我问你为什么会出现这种情况，你说可能是因为所学的内容难易程度不一样，但是我想这不是主要原因。成绩好坏交替出现，说明你的思想处于剧烈的波动之中。你把心思放在学习上了，你的成绩就会突飞猛进；你把心思放在别的地方了，你的成绩就会一落千丈。今天，老师想听听你真实的想法。"

"老师，我爸来开家长会的时候，你也和他谈了一会儿，你可能对我的家庭也有一点了解了。说实在的，我们家的经济条件不是很好！"

"家庭经济条件不好，会给你的生活和学习带来一定的影响，但这应该不是主要原因吧？"

"老师，以我的实力将来也就能考上二本或三本，考上一本的希望不大，如果考上了三本，那我肯定不会去读的；如果考上了二本的话，还不知道能读什么专业，万一选择的是冷门专业，读了四年后还是找不到理想的工作，那还不如高中毕业后就直接去找工作呢！与其等到四年后去工作，不如现在就去工作挣钱贴补家用，还可以减轻父母的负担。"

情景分析

找个好工作，几乎是所有人读书学习的最现实的目的，也是无法回避的尖锐问题。在做学生思想工作时，我们不能一味地告诉学生读书学习仅仅是为了追求更高的精神文化素养，而应把精神追求和物质追求结合起来。对于家境贫寒的学生来说，找个好工作、有份好收入是读书学习的最直接的目的。然而，最近几年的大学生就业情况不容乐观，大学生已不再是人人艳羡的天之骄子。今年需要就业的高校毕业生总数约为 710 万人，其中包括去年尚未找到工作的 100 万名毕业生。可想而知，这是一支多么庞大的队伍啊。虽然国家出台了很多有利于大学生就业的政策，但毕竟体面、高薪、稳定的好工作太少，总有很多在读学生因此而唉声叹气，因为他们担心等到自己大学毕业时，所获得的待遇是不是比三轮车夫、街头小贩还低很多。慢慢地，这种悲观消极的情绪扩散到高中校园里。

事实上，读书学习仍然是非常重要的，特别是在对人思想观念和方法意识的培养上，是不可取代的。很多事实证明，做同一件事情，读书人更容易做出比较大的成绩；有很多工作，只有读书人才能做好。总之，在同样的环境中，读书人可以抓住更多机遇。

以小雨的实力，如果踏踏实实地学下去，考取一个重点大学都是极有可能的。但是，他好像看不到自身的优势，同时还过分强调客观形势的恶劣。这说明小雨内心过于悲观。

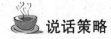 **说话策略**

1. 下下策

班主任认为小雨的这种心态是不负责任的，于是有些生气地埋怨道："小雨，这次家长会，我和你父亲谈了一会儿，对你的家庭情况基本上了解了。现在有很多人感觉上大学没有多大用，但为什么还有那么多人要去读大学呢?! 你再看看世界上那么多的总统、主席和总理，有几个没有大学文凭呢?! 所以，认为读大学没什么用的人实在是有点目光短浅。而且通过上次谈话，你父亲表达了一个很强烈的愿望，就是希望你能考上一所不错的大学。你是一个很聪明的学生，应该可以想到如果你现在不读书了，你的父亲会是什么感受，我希望你多考虑考虑你父亲的感受。刚才你也说了，你家的经济条件不是很好，你父亲和母亲做的也都是体力活。生活在一个这样的家庭，你所要考虑的不能只是眼前替父母省下一点钱，你更该考虑如何使父母将来不再受苦。如果你读大学，是要花不少钱，短期之内你的父母可能会更加辛苦，但是等你大学毕业后，你就可以通过自己的努力来改善家庭的状况。"

采用这种说话策略，班主任是在给小雨宣讲一些具有真理性质的大道理，而且像是在批评、责怪他。虽然班主任是出于好意，但这种不容置疑的口气破坏了师生之间的平等关系，实际上班主任是想把这些大道理硬邦邦地强加给小雨。小雨即使很懂事地接受了这些大道理，但是内心必然还隐藏着很多苦闷，而班主任对小雨内心已有的苦闷却视而不见，这对小雨以后的生活和学习将产生恶劣的影响。

2. 中策

班主任认为应让小雨认识到不读大学的严重后果，于是条理清晰地分析道："小雨，你明年高中毕业的时候是十八岁，如果那时你不去读大学的话，我们现在可以预测一下你的处境。首先，高中毕业后你不可能在家闲着，肯定要出去工作，而你只有高中学历，又没有一技之长，那么你基本上没有可能获得像国家公务员、企业管理人员等目前待遇比较好的工作，你只能去做诸如保安、搬运工、营业员等最基层的工作。你可以想象一下，如果你真的去做这些工作，那么你还能够实现你的梦想吗？其次，像保安、搬运工、营业员这样的工作基本上都是年轻人在做，也可以说是吃青春饭，等你年纪稍大之后怎么办？这种工作总不能做一辈子吧！当然，不排除你会有好的机遇或者好的想法，比如先去做一点小生意，然后顺水顺风，越做越大，最终事业有成，但是做小生意也是要本钱的呀，你的第一桶金从哪里来呢？又或者你遇到了贵人，他将你安排到自己的公司里，然后慢慢提拔你，最后你成为某一部门的主管。但是人家给了你机会，你就要能胜任啊，你既没有相关的知识，也没有先进的管理理念，你怎么能做好呢！相反，如果你读了大学的话，那就不一样了，像国家公务员、大型企业管理人员等待遇丰厚的工作你都有机会去应聘，如果你再有好的机遇的话，你就能很好地把握住，因为知识给你增添了腾飞的翅膀。而且，知识是一辈子的财富，能让你受益终生。我说了这么多，就是想让你明白其中的利弊。"

采用这种说话策略，班主任的良苦用心在一定程度上能让小雨明白读大学的重要性，从而让小雨在权衡利弊的基础上，继续持之以恒地努力学习。然而，班主任的这种引导方式充满了功利性，过多地强调了物质追求的重要性，这对小雨以后的人生观及价值观有着不良的影响。

3. 上上策

班主任认为要开导小雨，必须从产生上述心理的原因入手，以便对症下药，于是细致地分析道："小雨，从你的话里，老师可以听出一个重要的信息，就是你其实是很想读大学的，但是有两个原因导致你犹豫不定。第一，你感觉自己家的经济条件不太宽裕，父母挣的都是血汗钱，所以你想早一点走出校园去打工挣钱，以减轻父母的负担。这一点说明，你很体谅父母，不仅善解人意，而且很孝顺。不过我希望你能换个角度考虑，如果你现在不读书了，那么你的父母就可以轻松一些了吗？有一句话叫'有希望的人最幸福'，你可以想一想，你是家里的独苗，一辈子辛勤劳作的父母把所有希望都寄托在你身上，希望你好好读书学习，虽然身体上很累，但是他们心里会感觉很幸福。但是如果你不读书了，他们很可能会感觉生活没有了希望，这个时候他们才不会更轻松呢！第二，虽然你很想读大学，但又怕读完大学后找不到好工作，这样不仅浪费了父母的血汗钱，而且还加重了自己的心理负担。其实关于大学生找工作难这件事，你不要被社会上所谓'上学无用论'的片面观点所影响。我们应客观地分析这个问题，现在的工作单位，不管是国家机关还是企事业单位，都是要竞聘上岗的，那些不学无术的人肯定会被淘汰，所以你要相信自己，一分耕耘总会有一分收获。老师上学时的情况和你类似，但是经过我的努力，现在不也找到了一份不错的工作嘛！所以，你不必考虑得太多，人在憧憬未来时，一定要充满信心，不要过于悲观。"

采用这种说话策略，班主任没有从正面直接去教育小雨，而是更多地从他的处境考虑，一点一滴地帮他分析、解答心中的困惑，从而让小雨转换角度重新审视问题，并在内心深处坚定了对未来的信心。做学生的思想工作，班主任不能套用大道理强迫学生接受班主任的观点，而应该帮助学生分析所处的困境，让学生自己找到正确的做法。只有这样才是真正有效的。

15. 学生敏感多疑

这已经使她有一点自闭了。作为刚刚接触她的班主任，我应该采用言语开导和环境影响相结合的综合"治疗"法，使她尽快康复。

情景再现

开学没多久，小玲的文静就给我留下了很深的印象，不过她的这种文静让我对她有些担心。开学初，为了在最短的时间内规范学生的行为，我几乎每个课间都要去教室看一看。让我吃惊的是，我每次都看到小玲安安静静地趴在课桌上，两手托腮，若有所思，再看看她的表情，满是悲伤、孤独与寂寞，毫无喜悦可言。我想，小玲的这种情况应该不是一天两天形成的。

小玲奇怪的行为引起了我的注意，也促使我进一步了解她、帮助她。我先是找到她原来的班主任，他告诉我他平时几乎没听到过她和同学说过什么话，听到她说话差不多都是在课堂上回答问题的时候，而且小玲常常是独来独往。小斌是她的初中同学，我把小斌找来了解了一些小玲以前的情况。小斌说："读初中的时候，小玲挺开朗的，也喜欢和我们一起探讨一些我们共同关心的话题，她的成绩也很好，也喜欢帮助同学，我们在学习上有什么问题，她总是很耐心地给我们讲解。但是，到高中后，她好像变了一个人似的。"

听了小斌的话，我对小玲的情况有了一定的了解，为了进一步核实一些信息，我又拨通了小玲家长的电话。接电话的是小玲的妈妈，她说小玲是在中考期间发生的变化。我问她在这期间有没有发生过什么事情，她说，这期间也没发生过什么大事，只是有一次小玲和她大吵了一架。我问她为什么吵架，她说，小玲有个比之大两个月的表姐，两人初中的时候在同一所学校就读。平常小玲每次考试都比表姐考得好，那时亲戚朋友都夸奖小玲聪明、好学、懂事，但中考成绩一出来，小玲的总分比表姐的总分少了52分，表姐顺利地进入了县一中，而且还是公费生，而小玲却去了普通高中。其间，有一次大人在谈话时都夸奖小玲的表姐踏实、勤奋，当天她在吃饭时随意地问小玲，是不是在最后的时候不够专心了才考成那个样子，就这样小玲和她大吵了一架。直到现在，她们母女俩也很少促膝长谈，母女关系很冷淡。

☕ 情景分析

中国当代家庭教育专家周弘说："中国的家长太爱孩子了，中国的家长太不会爱孩子了。"家庭和学校一样，是学生成长的主要环境，如果父母在教育子女时不遵循教育规律，那么给子女造成的伤害无疑是巨大和长久的。有的家长不信任子女，经常主观地先入为主，一口咬定子女做了什么，不给子女留下任何解释的机会，让其有口难辩，满腹委屈、痛苦甚至怨恨，以致"破罐子破摔"或敏感多疑。常言道："良言一句三春暖，恶语伤人六月寒。"现实生活中，有许多成年人仍对自己儿时被冤枉的事情刻骨铭心、难以释怀，可见被家长冤枉对他们的心灵伤害有多大！他们在被最亲近的父母冤枉后，常常就会觉得别人也总是在用异样的眼光来看待自己，甚至在别人说到某个词语或某句话时，他们都会怀疑别人在指责他们或在恶意地议论他们。比如，对于小玲来说，大人们在夸奖她的表姐勤奋、踏实的时候，她就觉得大人们是在埋怨她不勤奋、不踏实。再加上父母的责问，孩子如果不够坚强，或者说不能很好地处理这样的事情，就会在心里留下阴影，久而久之，还会把这种阴影带到其他的情境中，从而形成敏感多疑的性格。拥有这种性格的人最突出的特点就是总是不自觉地把自己想象成别人议论的对象，并且往坏的方面去揣测别人的意图。一旦形成这种性格，将会严重阻碍其正常的人际交往。

通过上述调查不难发现，小玲的妈妈在冤枉小玲后，并没有诚挚地向小玲道歉，也没有及时地开导、劝慰小玲，致使小玲慢慢地形成了敏感多疑的性格。这已经使她有一点自闭了。作为刚刚接触她的班主任，我应该采用言语开导和环境影响相结合的综合"治疗"法，使她尽快康复。目前首先要做的，就是用适宜的言语开导她。

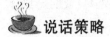 **说话策略**

1. 下下策

班主任认为小玲的"病根"在于她没能体会到母亲的良苦用心，从而试图为小玲的母亲冤枉小玲这件事情找一个正当的理由，于是说道："小玲，前几天我跟你妈妈通了一次电话，重点谈的是你在中考前后的性格变化。听你妈妈说，中考前你是一个很活跃的女生，但中考之后就慢慢地变安静了，连课间都很少站起来，就更别说出去走一走了，此外，你也很少和老师、同学说话。你妈妈也把你们母女之间吵架的事情说了。我想说的是，一个人被无故冤枉，是一件让人非常气愤的事情，老师可以理解你的心情。但是，尽管如此，我们也还要想一想父母为什么会冤枉我们，这样或许我们就能理解父母当时的心情，也能消减自己内心的气愤了。初中三年你一直都比你的表姐考得好，但是在最后最关键的中考中，你的总分却比你表姐的总分少了 52 分，应该说差距很大。这里面可能有很多原因，比如考试前身体不适导致没有足够精力复习、考试时心理压力太大导致无法专心等等。但是父母由于受知识所限，可能就不会想到这些客观原因，而主要从主观的方面去判断，所以才会冤枉你。事实上，这种冤枉也代表了一种真诚的关爱，你中考时发挥失常让他们很忧虑，担心你以后不思进取，所以才会善意地提醒你，其实并没有什么恶意。好了，你就尽快把这些不愉快的事情忘掉，重新做回一个活泼开朗的女生吧。"

采用这种说话策略，班主任是在用"子女应该体谅父母"这一传统思想来教育开导学生，不能说一定没有效果，但有三处不妥。首先，小玲是被母亲冤枉了，按照常理，被冤枉的人最需要的是他人的感同身受，理解是做通思想工作的基础。而从班主任的话来看，班主任主要是在委婉地埋怨小玲未能体谅父母，这就让小玲在心理上排斥班主任的话，不可能做到有效的沟通。其次，班主任和小玲认识不久。在劝慰"陌生人"时应尽力避免涉及别人的隐私，否则会让别人觉得自己不被尊重，而班主任却堂而皇之地把事情的始末说了出来，这会进一步加重小玲对其母亲的误解，也会让小玲觉得班主任太不顾及自己的感受，这样班主任就是好心办了坏事。最后，小玲的问题虽然是由母亲对她的误解引起的，但现在已经严重地影响了她的性格，她现在十分敏感多疑。班主任这种说话策略的针对性不强，并不能取得理想的效果。

2. 中策

班主任认为应该让小玲认识到如此敏感多疑的性格会给自己带来多么大的危害，于是说道："小玲，虽然我们这个班级组建不久，但是老师已经注意你很久了，老师发现你整天都在那儿呆坐着，一动也不动，也不和同学聊天。如果说是因为性格内向的话，那么表情应该是轻松的，但是老师发现你的脸上却满是悲伤、孤独与寂寞，这说明你并不想这样。老师以前有个同学，也像你这样，我问他为什么就在那儿呆坐着，他说怕别人不真心对待他，或者说怕别人说他坏话、胡乱评论他，总之他觉得别人不会对他好。结果他虽然也大学毕业了，但是到现在还没找到合适的工作，而且也没有知心的朋友，生活过得很压抑。事实上，人不能这么敏感多疑，而应往好的方面想，绝大多数人都不会胡乱议论或批评别人的。所以，老师想提醒你，如果你和我同学的想法类似，就应该尽快、尽早改掉；如果不是，那么就是老师多心了。"

采用这种说话策略，班主任是用猜测、提醒的口气来和小玲谈心，并且直指小玲的病症，这样会让小玲不自觉地诊断并救治自己。此外，班主任借助"同学"来举例，并不会让多疑的小玲胡思乱想，这样又避免了给小玲带来过多的心理负担。

3. 上上策

班主任认为对于小玲的转化应该从使她逐步感觉到她妈妈对她的爱开始，于是说道："刚刚我和你妈妈通了电话，我们谈了很长时间。从你妈妈的话里可以感觉得到你妈妈很关心你，但是好像不善于表达，心里明明是很爱你的，但说出的话却好像是在批评你。比如她想让你在学校里吃好点、多吃点，但是她却说出'小玲一点也不懂事，一日三餐就吃那么一点，你看她都瘦成什么样子了，一点也不懂得照顾自己'这样的话。你妈妈在跟我这个外人说话的时候都这么直率，那么在你们母女交流的时候，她可能就更毫无顾忌了，所以老师想提醒你，在你平时与你妈妈的交往中，千万别误解了你妈妈。因为人在这一生中，会因敏感多疑而失去很多东西。"

　　班主任稍微停顿了一下，然后继续说道："老师给你讲个故事——《不要因为多疑而失去机会》。1803 年，年轻的美国发明家富尔顿，在塞纳河上建造了第一艘以蒸汽机为动力的轮船 。这年 8 月，当他获悉拿破仑要越过英吉利海峡对英作战时，他兴致勃勃地去推销自己的新产品——蒸汽动力船。当时，拿破仑的海军规模很大，只是舰船大都是木质结构的，航行基本上靠风帆作动力。而他的对手英国人，却早已用上了蒸汽驱动船，这使拿破仑与英军统帅纳尔逊对阵时，常常感到英雄气短。他已经听说富尔顿的蒸汽动力船在塞纳河上演示时出了洋相，但这种全新动力的海上装置还是让拿破仑很感兴趣。富尔顿滔滔不绝地说道：'一台 20 马力的蒸汽机可以抵得上 20 面鼓满的风帆，这样陛下的舰队就再也不必待在港口里等待好天气才能出航了。到时，不要说是纳尔逊，就是兔子，也跑不过陛下，等到您旗开得胜的时候，您就是这个世界上最高大的人了……'富尔顿一不留神说走了嘴，触到了拿破仑最忌讳的身材高矮的问题，这就好比当着秃子的面说灯亮。刚才还在认真倾听的拿破仑顿时把脸沉下来，心想富尔顿是在故意藐视自己。他打断富尔顿说道：'你只说船快，却只字不提铁板、蒸汽机和煤的重量，我说你不是个骗子，就是个十足的傻瓜！'也许、拿破仑拒绝富尔顿的理由有很多，但最主要的理由却是他敏感多疑的性格。1812 年，英国人购买了富尔顿的轮船专利。19 世纪 40 年代，船侧轮桨逐渐被更先进的船尾螺旋桨取代，英国的海上霸权凭借它的坚船利炮得到了巩固，而法国则被远远地甩到了后面。"

　　采用这种说话策略，班主任有意地把小玲母亲的过错归结为"不善于表达"，这样就自然而然地引出了性格敏感多疑的话题，并且很巧妙地运用哲理故事来说明性格敏感多疑的危害，从而在无形中给予小玲一些劝慰以及提示，以便她逐步改变自己的性格。采用这种说话策略，班主任没有直接谈小玲性格上的敏感多疑，保护了小玲的自尊，从而让小玲在心理上更容易接受班主任的建议。同时，班主任的话在无形中化解了小玲母女之间的怨恨，可以说起到了一箭双雕的作用。

16. 考试后评优评先发放奖品

> 能否利用好这个评奖的机会以达到培养学生信心和激励学生努力学习的目的，班主任的发言至关重要。

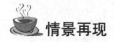 **情景再现**

我们学校每学期举行四次考试，按照时间顺序依次是第一次月考、期中考试、第二次月考和期末考试，其中重头戏是期中考试和期末考试，期中考试是由班级自主评奖、发奖，期末考试是由学校统一评奖、发奖。因为每一次评奖都是培养学生自信心、激励学生奋发图强的大好时机，所以期中考试结束后，我们班就开始紧锣密鼓地按照班规进行评奖。奖项主要分为实力奖和荣誉奖，实力奖是指班级前十名、进步总数前五名和单科第一名，评奖的方法主要是看期中考试的分数和进步的名次；荣誉奖是综合表现奖，即在德智体美劳等各方面都表现优异的学生，评奖办法是依据学生互评和老师评价的总分，总分排在前五名的学生将被授予"冲锋战士"称号（我们班的班名是"冲锋兵团"）。

期中考试评奖总共评出 28 人（前十名奖十人、进步奖五人、荣誉奖五人、单科第一奖八人），我们班总人数为 51 人，考虑到有重复获奖的学生，全班总共获奖人数为 21 人，占总人数的 40%，获奖面比较大，有利于培养学生的自信心，也有利于更好地激励学生。发奖时，前十名奖由学习委员颁发，进步奖由班长颁发，单科第一奖由学科代表颁发，"冲锋战士"荣誉奖由班主任颁发，颁奖顺序依次是单科第一奖、进步奖、前十名奖和荣誉奖。

能否利用好这个评奖的机会以达到培养学生信心和激励学生努力学习

的目的，班主任的发言至关重要。

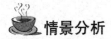 **情景分析**

期中考试不是选拔性考试，而是阶段性诊断考试，对于学生来说，其作用就是诊断学习，帮助学生了解其在学习方法、学习心态以及学习习惯等方面存在的问题。不少家长、学生和老师十分重视期中考试的成绩及学生在班级、年级的名次，这当然可以理解，但是成绩、名次只是学生学习结果的外在表现，最重要的是要通过这些外在表现抓住内在的、实质性的问题，比如学习习惯、学习方法是否正确，听课质量是否有所提高，作业的完成时间与质量等等。期中考试考好了不能骄傲，要静下心来总结经验，形成稳定的学习习惯、学习方法；期中考试成绩不理想也不是坏事，毕竟把问题暴露出来了。关键是要总结教训：基础知识不扎实，上课注意力不集中，没有认真看教科书，作业不认真、错误率高，预习、听讲、复习、作业这四个环节没有落实，偏科……要总结的东西特别多，只有抓住了内在的、实质性的问题，学习过程才能得到改善，学习成绩才能得到提高。也就是说，诊断性考试属于形成性评估，抓住每一次的形成性评估，认真总结经验教训，那么终结性评估——中考、高考就一定可以取得理想的成绩。

大型考试结束后，为了表彰表现优秀、学习进步、学有所长的学生，学校和班级一般都会开展一些先进评比活动，主要目的在于发挥评奖对于学生的激励作用，以调动学生的学习积极性并培养学生持久的学习动力。当然，学生学习不应是为获奖而学，也不应是为他人而学，而是为自己将来更好地适应社会、服务社会以及实现自身的价值而学。同时，我们也要认识到，评奖活动也有它的弊端，有可能会使部分获奖者骄傲自满。

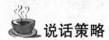 **说话策略**

1. 下下策

班主任认为这是一个让没有获奖的学生"知耻而后勇"的好机会，于是不无嘲讽地说道："今天是评奖、发奖的好日子，我首先向所有获奖的同学表示祝贺，你们是我们班的希望！我希望你们能再接再厉，争取创造更多的辉煌。借此机会，我也想提醒那些没有获奖的同学，分班才两个月，为什么差距就会这么大呢？人家脑子里想的是如何进步，你的脑子里天天想着怎么玩；人家的脑袋是行动的指南，你的脑袋就是报废了的轮胎，怎么都充不进气。希望那些没获奖的同学好好想一想，自己到底比别人差在哪儿，不要一辈子都做别人的陪衬！"

采用这种说话策略，班主任认为部分学生之所以表现得很差并不是因为脑子笨，而是因为根本没把心思放在学习上，于是想通过制造屈辱感去迫使他们"知耻而后勇"。想法本身是好的，但往往起不到应有的效果。因为有一部分学生只知"屈辱"，而不知"后勇"，所以班主任的话就在他们内心播下了痛苦和难堪的种子，这不仅不利于士气的提升，而且在一定程度上还会打压士气。另外，班主任的言语中不乏讽刺、挖苦的词句，这并不符合教育工作者的形象。

2. 中策

班主任认为所有学生都有想获得荣誉的愿望，因此可以通过赞扬获奖的学生来激发差生学习的动力，于是异常高兴地说道："今天是评奖、发奖的好日子，我首先向所有获奖的同学表示热烈的祝贺，作为学生，你们获得了令人艳羡的至高荣誉。美好荣誉的获得，有力地证明了你们是同学中的佼佼者。你们用勤奋好学以及实力证明了自己的优秀，理所当然地会获得老师和家长的认可，你们是成功者。虽然大家已经是高中生了，但我依然希望大家能把自己的奖状和奖品带回家，让家长看一看，让亲戚朋友看一看，你们是多么的优秀！"

采用这种说话策略，班主任主要是为了激发学生追求荣誉感的意识，并且以此来培养和维持学生勤奋学习的动力。这样，一方面，获奖的学生会获得足够的信心，从而轻松地面对下一阶段的学习；另一方面，没有获奖的学生内心也会产生缺憾感，从而下定决心在下一次评奖时一定要力争获奖。总的来讲，这样的话语有利于培养班级良好的学习氛围。但是，我们也必须认识到，在一定程度上，班主任对荣誉的追捧会让部分学生慢慢地滋生虚荣心，这不利于学生心理的健康发展，也会使学生的学习目的混乱、模糊。

3. 上上策

班主任认为考试和评奖的目的在于发现、解决学生的问题，并激励学生更加奋发图强，于是微笑着说道："期中考试结束了，意味着本学期已经过去一半，现在我来做一下本学期的期中小结。首先，我对获奖的同学表示祝贺，你们获奖了，说明你们在前一阶段的学习中，用汗水和智慧证明了自己的实力，希望你们继续勤奋学习，发挥自己的优势，进一步优化学习方法，争取获得更大的进步。其次，对于没有获奖的同学来说，这是一个小小的警钟，因为在短短的两个月的时间内，我们就和别人有了这么大的差距。那么我们就要及时思考和总结导致差距的原因——是学习方法欠妥、努力程度不够，还是学习心态出现了问题。你们一定要以此为契机，好好地总结、反思，也要积极地向优秀的学生学习，争取能够早日缩小和他们的差距，甚至超过那些获奖的同学。最后，成功和失败、光彩和阴影都属于过去，获奖的同学不能抓着奖状不舍得放，因为我们的学习最终目的不是为了荣誉。没有获奖的同学也不能认为自己实力弱，因为从今天开始，大家又都站在同一个起点上，只有知错能改、坚持不懈、持之以恒者，才能笑到最后。"

采用这种说话策略，班主任在明确考试和评奖的真正意义的基础上，向学生传达了如何构建一种良好的学习状态，并没有把目光仅仅局限在考试和评奖上，这对各个层次的学生来说都具有较好的现实指导意义。

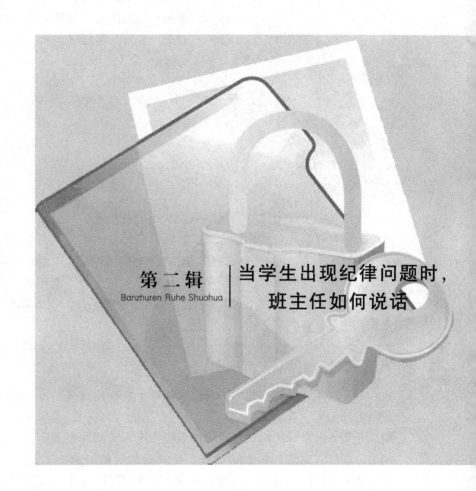

第二辑
Banzhuren Ruhe Shuohua

当学生出现纪律问题时，
班主任如何说话

1. 学生主动承认错误

> 小静主动地承认了错误，一方面说明她敢于承担责任，另一方面也说明她比较信任班主任。因此，我认为对小静的行为应该从宽处理。

情景再现

上午第二节课下课后，我刚坐下来小静就站在了办公室门口，一副忐忑不安的样子。我赶紧让她进来，她低着头慢慢地挪到我跟前，然后一句话也不说。我急忙问她怎么回事，她才慢吞吞地说道："老师，早读课上我睡觉了，还被政教处的老师发现，班级四项竞赛分数被扣了一分！我给班级抹黑了！老师，我不是故意的！我愿意接受惩罚。我来跟你说一声，是怕你生气，影响你上课。"

情景分析

对于学生来说，主动承认错误是指学生在违反班规、校纪等之后及时主动地向老师"投案"，并如实地描述自己的"罪行"。事实上，主动承认错误是最好的自我防御和自我保护手段，有利于解决根本问题。学生在犯错后，能够主动向老师承认错误，把自己的过错说出来，就可以转攻为守，争取主动权。敢于主动承认错误，一方面可以促使老师采取宽容谅解的态度，进而趋向于宽恕学生的错误，因为"坦白从宽"是一种普遍的社会准则；另一方面，一个有勇气承认自己错误的学生，也是一个敢于负责的学生，主动承认错误也可以使学生在精神上得到某种满足感。

学生主动承认错误不外乎出于三种心理。一是学生具有敢于负责和诚实守信的可贵的道德品质，这类学生犯错后，潜意识里就会认为主动承认错误才是正确的行为，从而会自觉地向老师汇报错误并承担相应的责任，这是一种发自内心的主动行为；二是学生害怕受到过多的惩罚，想利用自己主动承认错误来获得老师的"减刑"或"免刑"，这是一种被迫的主动行为；三是学生和老师之间具有良好的师生关系，学生担心老师会因为自己的错误行为而大发雷霆或悲痛失望，故而出于内疚和关爱的心理而向老师主动承认错误，这也是发自内心的主动行为。

在早读课上睡觉，是一件再平常不过的事情，严格来说并不叫犯错。但由于班级四项竞赛分数因此而被扣分，她的行为已经使班级荣誉受损，班主任必须适当地予以批评。不过，小静主动地承认了错误，一方面说明她敢于承担责任，另一方面也说明她比较信任班主任。因此，我认为对小静的行为应该从宽处理。

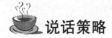 **说话策略**

1. 下下策

班级四项竞赛分数被扣一分，流动红旗极有可能落入"敌手"。对于这种损害班级荣誉的不当行为，当事学生即使主动承认错误也要受到严厉的批评。班主任于是板起面孔说："小静，你怎么能做出这种小儿科的事情？我就没看到过你哪天能安安静静地坐在那里，平时运动得多了，晚上休息又不够，白天开始睡觉了吧！给班级抹黑了吧！唉！"

采用这种说话策略，班主任是在小静火热的心上浇了一盆冷水。相信小静觉得委屈不说，以后也不会再主动找班主任谈心了，因为她可能觉得班主任没有一点人情味。如果这种"谣言"传播开来的话，以后还有哪个学生愿意主动承认错误呢？

2. 中策

小静虽然给班级抹黑了，但毕竟主动承认错误，而不像有的同学，明知自己犯错却无动于衷，小静的主动体现了她的可贵之处——关爱集体，敢于担当。于是班主任高兴地说："在早读课上本该大声地读书，你却睡觉，影响了班级的形象，按理说你应该受到相应的批评和惩罚，但你主动承认了错误，我就原谅你一次，希望你能吸取教训。"

采用这种说话策略，班主任是用自己的热情回应了小静的热情，不仅给了小静"面子"，而且还可以让小静充分体会到班主任的人情味，可谓一举两得。不过班主任却忽略了一个事实，班级是一个整体，由许多学生组成，如果其他同学得知这件事后，每当犯错就主动来承认，那班主任又该如何处置呢？

3.上上策

小静在早读课上睡觉，是什么原因导致的呢？小静是否已经完全认识到自己错在哪里了呢？小静愿不愿意接受处罚呢？带着这样的疑问，班主任微笑着说："我还以为什么事情呢，原来是在早读课上睡觉了，昨晚没休息好啊？还是有什么想法了？"班主任先试探性地问问，听小静说出睡觉的理由后，既要表现出老师应有的关心，也要帮助她分析问题产生的原因。然后说道："在早读课上睡觉这件事，其实说大不大，说小也不小。如果我们是生活在一个人的世界里，睡觉就无可厚非，但我们毕竟是生活在一个大集体中啊，所以你睡觉不仅关系到你自己，还关系到这个集体，在别人眼里那不是你自己在睡觉，而是高二（5）班在睡觉。老师说这些，主要是想让你以后注意点，经一事，长一智吧，以后千万别在同一个地方栽跟头了。你认为呢？"可以稍微停顿一下，让小静反思一下。然后继续说道："小静，在很多老师眼里，你都很聪明、开朗，也非常有礼貌，今天你能主动来说明问题，说明你敢于承认错误，对此老师感到很欣慰，你现在依然是老师心目中的好学生。但是，不能因为老师喜爱你这位学生，就完全免除对你的惩罚，因为班规面前，人人平等，老师想征求你的意见，你认为该如何处理呢？"

采用这种说话策略，班主任也就掌握了主动权，一是主动地巩固了已有的良好的师生关系，二是主动地表现出对小静的关爱，三是主动地为将来类似事件的处理消除了隐患。另外，采用这种说话策略，还有一点非常可贵，那就是班主任试图去寻找学生在早读课上睡觉的原因，而并没有停留在事情的表面上，显示出了班主任的教育智慧。

2. 学生看黄色小说

"谈性色变"的观念在人们的心目中依然根深蒂固，不仅父母对子女的性教育讳莫如深，就连教育工作者在面对此类问题时也是闭口不谈，这无疑会导致正常性教育的缺失。

 **情景再现**

昨天晚上自习课时，我给学生发了一张单元测试卷让他们做，我在教室里巡视。让人奇怪的是，每当我走到小于身旁时，平时老实巴交的他好像都特别敏感，而且极其不自然。我有点怀疑他在偷偷地做些什么。十几分钟过去了，其他学生的选择题都做完了，我又故意走到小于的身旁，发现小于只做了五道题，而且其中四道题的答案都是错的。小于的试卷下面鼓鼓囊囊的，明显压着东西，看那东西的轮廓，应该是一本比较厚的书。为了不影响其他同学做试卷，我示意小于出去说话，这样"作案现场"也就被完好地保留了下来。

"小于，你做得很慢，而且正确率很低！"我平静地说道。

"我不会！"小于一边挠头，一边说道。

"不会？我看是做试卷太枯燥乏味了，还不如做一些有意思的事情，比如看一些自己很感兴趣的书。"我淡淡地说道，希望他能坦白。

"我……"小于支支吾吾。

"你不用担心，既然老师把你叫出来了，就是不想当场揭穿你以免让你在同学们面前难堪，也是想给你一个认错的机会。我想听你说实话。"我平静而又坚定地说。

"我在看小说。"小于小声地说道。

"看小说？什么类型的小说？"我追问道。看到小于刚好穿着黄色的上衣，我指了指他的上衣，又问道："是不是这种颜色的？"

小于一句话也没说，机械地点了点头。

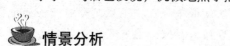 **情景分析**

随着生理的发育，青少年的性意识也逐渐增强，这使他们对异性的身体结构、两性关系等产生很大的兴趣，此时的青少年需要接受科学合理的性教育。但是，长期以来，"谈性色变"的观念在人们的心目中依然根深蒂固，不仅父母对子女的性教育讳莫如深，就连教育工作者在面对此类问题时也是闭口不谈，这无疑会导致正常性教育的缺失。青少年既然从父母和老师那里得不到有关性的问题的答案，那就只有通过其他途径了，比如看黄色电影、黄色图片和黄色书籍，这些出版物的获得极其方便。但是，这些被称之为"黄毒"的东西不仅不能解决青少年的性疑问，反而会使他们"神魂颠倒"，因为这些"黄毒"夸大了人类的性意识，丑化了人类的性行为，使人类的性行为显得极其变态。青少年如果长时间接触这些"黄毒"，就会产生强烈的性需求，再加上青少年精力旺盛、好奇心强、控制力差，极容易步入犯罪的歧途。据统计，有近七成的青少年罪犯接触过"黄毒"。

尽管如此，由于我国青少年性教育的长期缺失和不完善导致一部分青少年频繁地接触"黄毒"，而且慢慢地青少年"涉黄"也成了一种"正常"的现象，所以学生在学校偷看黄色书籍这种事情的发生也在情理之中。教师处理此类事情时，要遵循一定的原则，同时也要采用科学合理的方法。首先，多数青少年接触"黄毒"，主要是因为好奇心强和自制力差，并不是因为个人的品质问题，教师在处理类似事情时尽量不要上纲上线。其次，青少年接触"黄毒"主要是"地下行为"，也就是说，在当今社会，接触"黄毒"并不是什么光彩的事情，教师在处理类似事情时不可大肆宣扬，要注意保护当事学生的隐私和尊严。最后，教师在帮助他们戒除"黄毒"时，一方面可以引导青少年树立远大的理想，鼓励他们多参加有意义的活动，帮助他们把主要精力放在学习和锻炼身体上；另一方面教师可以帮助青少年营造一个能和谐融洽地和异性交往的氛围，引导他们了解异性，降低他们对异性的好奇心。

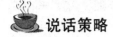 **说话策略**

1. 下下策

班主任认为小于的行为不符合中学生的身份，也有违父母的心愿，于是有些生气地说道："小于呀，你父母辛辛苦苦地供你读书，是想让你好好读书，考上好大学，你怎么能不务正业呢？如果你父母知道了这件事情，他们该有多伤心呀！再说，如果女生都知道你看黄色小说，谁还愿意和你来往啊！另外报纸上说，很多青少年犯罪是因为看黄色小说引起的，你怎么能这样自甘堕落呢！"

采用这种说话策略，班主任虽然是在帮助小于认识"涉黄"的危害，想规劝小于，但是所说的话里全是讽刺、挖苦和埋怨，采用的是从外部"堵"的方法，而且还上纲上线。实践证明，这种策略只能收到短暂的效果，而且还容易激起学生的不满情绪甚至是引发师生之间激烈的冲突。

2. 中策

班主任认为这件事没有什么可大惊小怪的，打算从宽处理，于是说道："小于，你已经是高中生了，应该很清楚看黄色小说的危害。考虑到你一直以来都表现得比较好，今天老师不打算处罚你，你自己回去后好好地反省一下自己的行为，千万不要再犯类似的错误。老师期待你有更好的表现！"

采用这种说话策略，班主任主要是想提醒并警告当事学生，希望小于能够主动认识错误并改正。班主任的这种从宽处理在很大程度上可以获得学生的积极响应，但是显得有点不咸不淡，可能会缺乏持久的效力。

3. 上上策

班主任认为小于虽然"涉黄"，但对他还应该主要采取激励、挽救的策略，于是说道："小于，看这种书的确在一定程度上可以满足青少年的好奇心，但是随之而来的是什么呢？青少年对性爱欲望的急剧膨胀，不仅伤害身体、耗费精力、荒废学业，而且还极有可能促使青少年犯罪。据统计，有近七成的青少年罪犯接触过'黄毒'。对青少年来说，随着生理发育的成熟，性意识会逐渐增强，这本是很正常的事情，但是，每个人在一定时期内必须控制自己的行为，把更多的时间和精力放到其他更重要的事情上去。比如，对于我们学生来说，就应该把主要精力放到学习上来，这样我们就不会对其他方面的东西浮想联翩。就像平时一样，当我们专注于某一件事情时，就会忘记其他方面的事情。在此之前，你的表现一直都很好，老师相信你以后会表现得更好，老师和父母都在期待着你有更好的表现。至于那本书，今晚自习课下课后，你悄悄地把它送到我的办公室，我立刻把它销毁，以免让更多的人知道你看过黄色小说，也避免它毒害更多的人。当然，老师今天只是销毁一本黄色小说，而社会上还有很多本，老师希望你以后再见到这些东西时一定要三思。"

采用这种说话策略，班主任说的全是开导、鼓励的话，完全没有讽刺、挖苦和责备的意思，这样学生会感觉到老师确实是在为自己着想，从而接受老师的建议，认识并改正错误，使自己向好的方向发展。

3. 学生玩手机

社会并没有出台有关手机使用的规定，导致学生在使用手机时基本没有任何顾虑，也导致老师在处理此类事件时放不开手脚。这是社会相关法律的不完善造成的结果。

情景再现

昨晚十一点左右，男生公寓 2 号楼的生活老师鲍老师给我打电话，请我马上过去一趟。听他的语气，事情可能比较严重，我于是急急忙忙地赶了过去。

原来是小罗在熄灯一小时后还在玩手机，鲍老师要没收小罗的手机，小罗坚决不给，而且还恶语相向。我赶到男生寝室时，他们正在大声争执，严重影响了整个楼层学生的休息。我赶紧让小罗穿好衣服跟我下楼，并且要求其他同学赶紧休息。

情景分析

随着科学技术的发展和生活水平的提高，手机已经由高科技产品变成了"地摊货"，手机已经成为人们日常生活中的必需品。学生带手机进学校，尤其是高中生带手机进学校，已经是一种无法阻止和消除的社会现象。这里面有多方面的原因。

首先，手机的价格越来越低廉，几乎在任何一个集市都可以买到，而且还有各种"充话费送名牌手机"的活动。中小学生只要口袋里有点钱，他们想买很容易就可以买到，不会受到任何限制，这是相关社会监管机制的缺失造成的。如果规定必须实名购买手机而且十八岁以下未成年人不得购买手机的话，那么就可以从源头上解决中小学生带手机进校园的问题。当然，由于各种原因，这种规定几乎不可能施行。另外，社会并没有出台有关手机使用的规定，导致学生在使用手机时基本没有任何顾虑，也导致老师在处理此类事件时放不开手脚。这是社会相关法律的不完善造成的结果。

其次，不难发现，学生带手机进校园的现象和学校也有很大的关系。有些学校几乎没有学生配备手机的现象，有些学校学生配备手机的现象则非常普遍。这和学校的管理理念和管理力度有很大的关系，如果学校在开始出现学生配备手机现象的时候就能三令五申、有效引导的话，基本上就可以杜绝这种现象；如果学校对此睁一只眼闭一只眼的话，当然也就不能责怪学生配备手机了，这是学校教育不力造成的。

最后，一般情况下，子女如果配备了手机，家长不可能不知道，家长对此问题的态度也会在很大程度上影响子女的行为。如果家长明确反对子女配备手机，而且在经济、日常监督以及配合学校工作等方面都尽职尽责的话，也会大大地减少这种现象的出现。但是从目前的情况来看，很多中学生的家长对子女配备手机采取了放任、"尊重"的态度。有了家长的支持，那么中学生配备手机就更是轻而易举的事。这也是家长教育不力造成的。

以上三点阐述的是造成学生配备手机现象十分普遍的外部原因。不可否认，这里也有中学生自身的原因，比如有的中学生厌学情绪严重而又比较喜欢玩游戏、聊天，或同学间互相攀比等，这些都会促使中学生去想方设法地配备手机。

从整个社会的情况来看，中学生配备手机的现象可能会越来越普遍，也就是说，这种现象将逐步转变为一种正常的现象（小学里这种现象很少）。班主任在处理类似事件时要考虑到这一点。

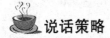 **说话策略**

1. 下下策

班主任认为小罗在学校三令五申的情况下还带手机到学校，而且这么晚了还在玩手机，真是太不懂事了，于是气愤地说道："小罗，你现在还知道自己的身份吗？你是学生呀，是学生就要清楚学生的本职任务是学习，是学生就要无条件地遵守学校的纪律！你说说你还像一个学生吗？你带手机有什么用？这么晚了为什么还不睡觉？"

采用这种说话策略，班主任主要是从小罗的违规行为来训斥小罗，希望小罗明白自己应该做什么和不应该做什么。但是，班主任的这种愿望并不会顺利实现，因为小罗刚刚还和生活老师争吵，班主任这些"气话"可以在小罗平静的时候说，这个时候说极有可能促使小罗进一步恼羞成怒，进而和班主任也"大吵"起来。班主任应主要以平息事件为主，而不应训斥小罗。

2. 中策

班主任感觉时间太晚了，为了不再继续影响其他学生正常休息，也为了让小罗能够平静下来，决定先把事情放一放，于是说道："小罗，时间已经很晚了，刚才因为你的鲁莽搞得全楼层的同学都不能好好睡觉。我马上带你回去，向生活老师道歉。生活老师对你够'仁慈'的了，要不然他会直接带你去政教处。关于这件事情，我们明天再处理，希望你不要再胡闹了！你同意不同意？"

采用这种说话策略，班主任主要是感觉时间太晚，处理这件事情不合适，可能会影响其他学生的正常休息。一般情况下，这种策略会很快将事情平息。小罗不仅玩手机，还顶撞生活老师，所以班主任在解决问题时晓之以理，相信小罗会体会到班主任的苦心。但是，小罗的问题并没有得到解决，因为班主任并未好好疏导他。

3. 上上策

班主任感觉小罗和生活老师大声顶撞，有必要好好地教育他、引导他，于是说道："小罗，你看都十一点多了，你还在玩手机，你今晚休息不好，明天哪有精力学习呢，可能还会在课堂上打瞌睡。你不睡觉玩手机不仅影响了你自己，还影响了同寝室的同学，你玩手机搞得别人也睡不好，别人在心里怎么看你，你想过没有？生活老师也是出于一片好心啊，假设他睁一只眼闭一只眼，任你玩手机，对你不管不问，那你明天的学习效果肯定很差，他这是关心你呢！再说，他要是直接把你送到政教处呢，那你明天就等着接受处分吧，这说明生活老师对你是很宽容的，所以你和他顶撞是太不应该了。我马上陪着你去给他诚恳地道歉。做错了事情，就要像一个男子汉一样，把责任勇敢地承担下来，然后知错能改，这才是好样的，而不能胡搅蛮缠。关于你玩手机的事情，我们按照班规处理，你先把手机放在我这里，然后按照我们的班规里的正当途径取回。我希望这件事情就到此为止，而不要闹到政教处，以免你有更大的损失。你同意吗?"

采用这种说话策略，班主任主要是从小罗这么晚了还玩手机的危害以及生活老师处理事情的出发点这两个角度来分析和解决问题的，虽然不可能完全消除小罗的怨气，但是至少可以让小罗在心底明白是他有错在先，而生活老师又十分关心他这样一个事实。这样有助于小罗迅速打开心结，使他认识到没有人故意针对他或给他难堪，这是他能够平静地接受教师劝告的心理基础，也为以后解决问题打下基础。

4. 学生犯错后想推卸责任

推卸责任的心理来源于对批评的恐惧，也就是说不希望被否定、被惩罚，但是也有一小部分人（多是年龄偏大的人）推卸责任是因为其具有胡搅蛮缠、蛮横霸道、恣意妄为等恶劣品质。

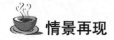 **情景再现**

开学没几天，小胡连续三次违反班规，而且给班级抹了黑。

开学第一天晚上熄灯后，小胡因为在寝室里唱歌被生活老师点名批评，同时班级四项竞赛总分被扣除一分。作为班主任，我觉得学生在开学第一天有点吵闹很正常，毕竟有很多话要和同学交流。接到反馈单的时候，小胡说他因为太兴奋才会唱歌的，我只是笑着对小胡说，以后不要这样兴奋了啊！

谁知第二天晚自习时，他又在教室里给手机充电，被政教处值日老师发现，就因为这个原因班级四项竞赛总分一下子又被扣了五分！我找到小胡，微笑着问他："怎么把手机带到学校了？你都是高二的学生了，应该知道学校不准学生带手机进学校的规定吧！"

"开学那天我忘记把手机放在家里了，谁知道政教处的老师那么不讲情理，才开学第二天，就这么严格，也不给同学们适应学校生活的时间！"小胡理直气壮地埋怨着，好像自己受了委屈似的。

听着小胡的话，我顿时就在心底窝了一股火。稍微冷静一会儿后，我又觉得他虽然说话的口气让人不舒服，但是也有可能是实情。这才刚开学，我以前没带过他的课，也不怎么了解他，不能轻易批评他，否则刚开学就可能把师生关系搞坏。于是我又微笑着对他说："带了就带了吧，我希望你把手机收起来，或者通知你家长过来把手机拿回去。如果再让老师发现你玩手机，那么老师就要通知你家长过来拿了。"他爽快地答应了。

第二天，小胡没有再摆弄他的手机。谁知在接下来的一天中午午睡时，小胡又在寝室里大吵大闹，班级四项竞赛总分又被扣了一分。这一次，我把他喊到了办公室，决定要和他好好谈谈。

"小胡，都开学第四天了，你还兴奋着呢？"我平静地说。

"没有了，老师，我已经适应学校生活了，不再兴奋了。"小胡假装听不懂我的话。

"那为什么又大吵大闹的？"我直接问道。

"那个生活老师可能老眼昏花了，我根本就没大喊大叫，是其他人在吵闹，生活老师记错了。"小胡辩解道。

听到他这样的话，我在心底憋着的怒火一触即发。

 **情景分析**

推卸责任不单单是儿童才会有的行为，部分青少年有时也会无视"诚信是立人之本"的做人原则，在犯错后会想一些客观理由或找一些胡编的借口来推卸责任。一般情况下，推卸责任的心理来源于对批评的恐惧，也就是说不希望被否定、被惩罚，但是也有一小部分人（多是年龄偏大的人）推卸责任是因为其具有胡搅蛮缠、蛮横霸道、恣意妄为等恶劣品质。联合国教科文组织提出现代教育的四个目标——学会认知、学会做事、学会共处、学会生存，从不同的角度对现代教育提出了要求。其中责任教育的出发点在于培养一个人的基本素质并教会他如何做人。所谓责任，是指分内应做的事，是个人或群体组织所应承担的职责、任务和使命。责任教育是指通过一定的教育内容、途径、方法，培养责任主体的责任素质，以使其对承担的职责、任务和使命加以确认、承诺并履行的教育。责任教育最终的目标是培养学生自尊、自爱、自强、自重、自立的品质，让学生学会对自我负责，对家庭负责，对社会负责，对国家负责。

小胡已经是十七岁的青年了，对自己的言行以及错误应该有足够清晰的认识，应该知道什么是错误的行为，也应该知道人犯错后要为自己的错误行为负责的道理。但是，他在错误面前总是推卸责任，无论如何都应该受到应有的警示。

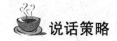 **说话策略**

1. 下下策

班主任对小胡推卸责任的行为感到愤怒，认为小胡在品质上有问题，于是暴跳如雷地说道："小胡，第一次犯错误时，你说自己刚开学有点兴奋；第二次犯错误时，你责怪学校政教处老师不通人情；第三次犯错误时，你说生活老师记错了。为什么每一次你都要找一些客观理由替自己开脱罪名呢？其他同学在开学第一天也很兴奋，人家为什么不大吵大闹？其他同学也有把手机带到学校的，为什么人家就不在自习课上玩手机？一个寝室里住了八名学生，为什么生活老师就偏偏记你呢？不要以为前两次老师轻易相信你的谎言你就可以无法无天了，老师那是在给你面子，不想当众揭穿你让你出丑，谁知你不知悔改！你连做人的基本的道理都不知道，你难道没听说过'敢作敢当'、'人无信则不立'吗？"

采用这种说话策略，班主任是想以比较激烈的方式使小胡羞愧难当，进而痛改前非。但是，小胡一犯错就推卸责任，并不是一天两天形成的习惯，必定有一个漫长的演变过程，班主任的一顿"狂风暴雨"还不足以改变小胡的想法。另外，这种喜欢找客观理由推卸责任的人往往都具有桀骜不驯的性格，班主任的"狂风暴雨"极有可能招来小胡的顶撞。而且班主任手头上并没有能够证明他推卸责任的证据，所以很难使小胡心服口服，到那时事情可能会更加棘手。即使班主任很强势，小胡当时不敢顶撞，也会在内心对班主任产生很强的抵触情绪，这不利于师生关系的和谐。

2. 中策

班主任认为现在手头上并没有足够的证据证明小胡在推卸责任，宜静不宜动，于是平静地说道："一个寝室里住了八位同学，又是在晚上，有可能生活老师没听清楚是谁在吵闹。不过，开学才不到一周，你就连续三次犯错，有点太过频繁，希望你以后能控制一下自己，不要再违反校规。"

采用这种说话策略，班主任是想为事情的最终解决留下足够的时间和余地，做到有备无患，还可以在表面上维护师生关系的和谐，不至于使小胡产生抵触情绪。但是，班主任这种缺少分量的话语，会让小胡产生轻视班主任的念头，这会助长他的嚣张气焰。这样，班主任也丧失了一个绝好的教育、引导小胡的契机。

3. 上上策

班主任认为虽然没有足够的证据证明小胡在推卸责任，但他毕竟违反了校规，有必要给他一些警示，于是微笑着说道："小胡，开学才不到一周，你就接连三次违反校规。对于前两次你所说的理由，老师相信你，也没去查证，但对于你今天所说的理由，老师表示怀疑。如果老师想查证的话，也很方便，从你寝室里找一两个比较诚实的学生问问情况，再找到生活老师核实一下，基本上就可以断定你说的话是真的还是假的。当然了，老师这么说，并不代表老师不相信你，只是你三番两次犯错，又屡屡找客观理由来推卸责任，从来不从自己身上找原因，你的表现让老师不得不怀疑。这次的事情老师也不打算去查证了，因为人都会犯错，关键是犯错了就要改正。老师希望如果以后再发生类似事情的话，你能正确地认识错误并勇敢地承担责任。"

采用这种说话策略，刚柔并济，有三点值得肯定：一是语气平和，不会让小胡觉得难堪，从而维护了和谐的师生关系；二是表明了对小胡所说的话的怀疑以及进一步查证的方法，这对小胡有一定警示作用；三是清楚地告知小胡班主任不会再去查证，给小胡留下了改正错误的机会，从而让小胡感受到班主任对自己的宽容和爱护，这有利于增进师生间的感情。

5. 学生纪律涣散

因为没有较强的自控力，就很难养成良好的习惯，也就很难踏实、勤奋、认真、全身心地投入到学习中。

情景再现

在昨天的晨跑课上，有几个男生跑得比较慢、比较乱，致使我班的队伍后面多了一个长长的尾巴。以前在晨跑课上这些男生都能认真对待，我便把这种反常现象当作了偶然现象，并没有在意。没想到在今天的晨跑课上，那几个男生跑步时依然很随意，而且他们的随意还带动了其他几个自控力比较差的学生，这样我班五十一人的队伍足足拖了有20多米长。不仅如此，那几个男生还有说有笑、相互追逐打闹，俨然把晨跑课当成了游戏课，严重影响了班级的整体形象。

情景分析

几乎每一个班级里都有几个纪律涣散的学生。他们人数虽然少，引起的麻烦却不少，比如说话、睡觉、迟到、打闹以及不交作业等等，是让很多班主任"头疼"的问题学生。事实上，这一小部分学生之所以纪律涣散，不外乎两种情况，一是师生之间产生了较大的矛盾，学生故意犯错以发泄对老师的不满，这种情况多发生在高年级学生身上，也是极少数现象；二是学生的自控力较差，他们不自觉地就会违反纪律，这是导致部分学生纪律涣散的主要原因。所谓自控力，即自我控制能力，指一个人对自身的感情、欲望加以控制的能力。自控力是一个人成熟度的体现，一个自控力较强的学生，一般也是比较成熟的学生，这种学生往往都会自觉地遵守纪律，也不会轻易地受外界环境的影响。自控力对一个学生的发展有着重要的意义，自控力较强的学生一般更容易成功。因为没有较强的自控力，就很难养成良好的习惯，也就很难踏实、勤奋、认真、全身心地投入到学习中。如果缺乏自控力而妄谈艰苦奋斗和成功，就像盲人在谈论颜色一样。一个人自控力的强弱和家庭环境、个性心理以及文化修养等诸多因素有关，教育实践表明，要想提高一个人的自控力，可以通过以下途径：

1. 树立远大理想。人的自控力在一定程度上取决于自身的理想和追求。一般来说，具有崇高理想、抱负的人绝不会为了生活琐事而违反纪律。因此，要提高自控力最根本的方法是树立远大的理想并立志为实现理想而不断完善自身的品行。

2. 提高文化素养。一般来说，一个人的文化素养同其承受能力和自控能力成正比。文化素养比较高的人往往能够正确地、比较全面地认识事物，认识自我和他人的关系，自觉地进行自我控制、自我完善。

3. 稳定情绪。可以使用合理发泄、转移注意力、迁移环境等方法，把将要引发冲动的情绪释放出来，保持情绪稳定，避免冲动。

4. 强化自我意识。遇事要沉着冷静，自己开动脑筋，排除外界干扰，学会独立自主。要彻底摆脱那种依赖别人的心理，克服自卑的情绪，培养自信心和独立性，并逐步提高对自己的要求。

5. 强化实践锻炼。一方面要加强学习，积累知识，开阔视野，用知识来武装和充实自己，提高自己分析问题和解决问题的能力，并通过学习别人的经验来提升自己决断事情的能力；另一方面，要积极投身到集体生活的实践中去，刻苦锻炼，不断积累经验，提高自己的适应能力。

6. 榜样示范。教师在教育纪律涣散的学生时，应该以正面的因素去影响他们，发挥榜样的带头作用。

值得一提的是，自控力的培养需要一个长期的过程，而且转变学生不良习惯的过程通常是反复的，在"病愈"之后，还要及时开出几副"巩固药"，这样才能根除"病患"。另外，此次出现问题的学生比较多，因为时间有限，不适合"单独谈话"。鉴于班里其他学生也有纪律涣散的现象，不如先整体治疗，然后再各个击破。

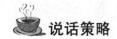 **说话策略**

1. 下下策

班主任认为为了能让学生充分地认识到纪律涣散问题的严重性，很有必要着重强调其危害性，于是板着脸说道："在昨天和今天的晨跑课上，大家应该都感觉到我们班队形很乱了吧？这样像什么样子，一点纪律都没有！尤其是后面那几个男生，跑得慢不说，还跑得那么乱。如果明天再出现这种情况，罚大家把一个单元的单词抄写十遍，而且晨跑课下课后留下来练习跑步，什么时候跑整齐了什么时候回去上课！"

采用这种说话策略，班主任是用自己的权威来压制学生，即使学生接受了教师的批评，也是对强势的顺从，班主任并未让学生们从心底接受。另外，这种压制缺乏民主，极有可能引起学生的群体反抗。

2. 中策

班主任认为为了能让学生们认识到自己的"丑态"对班集体的不良影响，教师必须进行详尽地讲解，于是耐心地说道："在昨天和今天的晨跑课上，同学们跑得都比较随意。如果同学们是在课余时间自己练习跑步，随意地跑可能更让人心情舒畅，但是，我们班有五十一位同学呀，如果大家跑得都很随意的话，那么我们班的队伍就会显得混乱不堪。大家也可以看到，这两天我们班的队伍都拖了有20多米长，而实际上如果大家都很整齐地跑，队伍大概只有12米长。大家想一想，这样的班级在别人眼里是多么的糟糕！希望大家明天晨跑时注意维护班集体形象。"

采用这种说话策略，班主任可以清楚地让学生认识到个人的散漫、随意会影响班级的整体形象，但这种"文明的说教"只适合于集体意识强和自觉性高的学生，对于调皮的学生效果则不那么理想。

3. 上上策

班主任认为一方面应该让学生认识到集体的形象需要大家共同维护，另一方面也应对学生提出具体的要求，于是微笑着说道："在昨天和今天的晨跑课上，大部分同学都跑得比较认真，尤其是女生，不管是速度，还是彼此之间的间隔，她们都把握得比较好，这说明我们班女生组织性、纪律性都比较强，她们对我们班集体构建良好形象作出了积极的贡献。但也有一部分男生跑得比较随意，跑得慢不说，还互相追逐打闹，使得我们班的队伍显得很混乱，本来长 12 米左右的队伍，一下子拖到了 20 多米，这样就会让别人觉得我们班纪律很涣散，也就是说这些同学一不注意就给班级抹黑了。我相信大家明天就会努力跑整齐，因为我们班是'冲锋兵团'嘛，我们每一个人都是冲锋战士，都是军人呀，就应拿出军人的样子来。如果明天还有人随意地跑，丢了我们军人的脸面，那我们会按照班规，把他留下来单独训练，希望大家注意不要被罚啊！我相信大家只要努力，并给自己提出要求，就一定会跑得很整齐。"

采用这种说话策略，班主任一方面注重了从内心加以引导，另一方面又注重了从外部加以约束，既提醒了自控力比较强的学生，也警告了自控力较差的学生，这样的说话策略学生更容易接受。

6. 贫困生不"争气"

> 很显然，温和的"中药"对他没什
> 么效果，或许应该给他开两剂"西药"。
> 我和他含辛茹苦的父母一样，还对他抱
> 有很大的期望。

情景再现

　　每次提起小李，我的心都会往下重重地一沉。小李的父母年纪都比较
大，在城市里找不到合适的工作，无奈之下就在靠近农村的地方租了一间
小小的砖瓦房，辛辛苦苦地种起了菜园。这个贫瘠的菜园让小李一家处处
捉襟见肘。开学时，小李的父亲本来打算自己送小李来学校，但自己不会
说普通话，于是又请来了一位会说普通话的熟人帮忙"翻译"。这种特殊
的场面让我终生难忘。我和小李的父亲间接地交流了近半个小时，他的意
思只有两条：一是虽然家里条件差，但就是卖血也要让小李读高中、考大
学；二是恳请班主任特别"关照"小李，因为自己没文化教育不了孩子。
遇到家长这样的请求，我是百分之百照办。我和小李父亲谈话时，小李一
直站在旁边，笑眯眯的，他的乐观让我觉得他是一个大方而且坚强的孩
子，这样的孩子更有希望！于是开学初排座位时，我特意让小李坐在了第
二排中间的位置。平时上课时，我总是有意无意地提问他或走到他旁边问
他听懂了没有。另外，我还请其他科任老师多多"偏爱"小李。当然我也
考虑到不能让他感觉到我在特意偏爱他，以免引起他的自卑心理，一切
"特别的爱"都是通过"地下通道"输送的。作为一个班主任，我要通过
自己的行动让小李感受到社会的爱，尽我所能地帮助他。

　　然而，开学后的第二周，小李就开始迟到了。一开始我以为这只是个

别现象，也就没在意，谁知他第二天仍然迟到，我微笑着提示他要注意了。没想到第三天他又在数学课堂上说话，而且之后的几天，班级日志上总有他捣蛋的记录。于是我找他谈话，问他学习怎么样，生活上有没有问题，和同学相处得如何，就是没提他迟到的事情，我想他自己应该能认识到。谁知谈话之后的几天，他依然经常迟到、在课堂上讲话。我开始有点生气了，但一想到我和他父亲交流的场面，我又心软了。第二次找他谈话时，我还是微笑着和他谈心，试图从谈话中发现造成这种现象的深层次的原因，以便对症下药，结果我发现这个学生一点上进心都没有，根本没有体会到父母的艰难。意识到这一点后，我又心平气和地和他谈读书学习的价值。

然而，我和蔼可亲的话语和"特别的爱"并没有换来他的进步。小李依旧频繁迟到、说话、不交作业，甚至还在上课时借同学的MP4听！他根本没有体会到父母的处境及良苦用心，整天还笑呵呵的，有点过于"乐观"了，也有点屡教不改的味道。

☕ 情景分析

实践表明，学生犯错后还屡教不改，一般情况下有两种原因，一是当事学生比较固执，觉得自己没错，所以不管别人说什么都还是会坚持己见；二是当事学生性格比较叛逆，就算心里知道自己错了，但因为对教导自己的人不服气，不甘心听从别人的建议，所以仍故意继续自己的错误。如果是前一种情况，很难有什么好方法可以让学生迅速改正，教育者只有通过耐心的解释以逐步引导学生掌握分析问题和解决问题的科学方法；如果是后一种情况，教师就必须检讨自己的教育方式，即是否耐心细致地去调查真相和了解学生，是否平等友善地加以引导。在这种情况下，当事学生只有消除对教师的敌意才有可能听取教师的意见和建议，如果教师仍然高高在上地以权威来教育当事学生，那学生就不具备最起码的接受意见和建议的心理基础。

人们常说，"穷人的孩子早当家"，言下之意是穷人的孩子比富人的孩子更懂事、更体谅父母、更勤奋好学。但是这些品质我在小李身上几乎都没看到。他总是笑眯眯，很乐观的样子，却是一种无视自己贫寒的家境和自身求学的艰辛的乐观。对这类学生，我深深地感受到了鲁迅先生"哀其不幸，怒其不争"这句话的深意，他过去的所作所为让我这个自认为很有耐心的班主任无比失望。但作为班主任，"不抛弃、不放弃"应该是一种做事的基本原则，改正小李屡教不改的毛病需要我更多的智慧、耐心和爱心。很显然，温和的"中药"对他没什么效果，或许应该给他开两剂"西药"。我和他含辛茹苦的父母一样，还对他抱有很大的期望。我期待着奇迹出现，我要和他进行第三次单独的谈话。

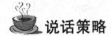 **说话策略**

1. 下下策

班主任认为为了让小李认识到问题的严重性，必须严厉地加以批评，于是气愤地吼道："你知不知道你的父母是干什么的？种菜的呀！你不好好学习能对得起你父母吗？能对得起你父母的血汗钱吗？你想一想，如果他们不需要供你上学，还会如此辛苦吗？你这样的行为，真是既没孝心，又没良心！"

采用这种说话策略，一般不会起到很好的效果。虽然小李一直都很开朗、外向，但由于班主任的话太激烈，小李有可能一下子接受不了，万一退学或想不开，那班主任就真的把爱心变成毒药了。

2. 中策

班主任认为为了让小李体会到老师对他的关爱和宽容，不应该严厉地批评他，于是微笑着对他说道："小李呀，这几天你又迟到、上课说话、不交作业了！对于很多学生来说，出现这种现象也是正常的，但我一直认为你是一个懂事的学生，也清楚自己父母的辛苦和愿望，屡屡出现这种情况，是不是心里有什么想法？不妨跟老师说说。"

采用这种说话策略，班主任是在用和风细雨式的劝说来引导学生，这是班主任找学生谈话的主要方式，利用这种表达方式很容易和学生拉近感情，也很容易获得学生的信任。但这已经不再适用于小李，因为小李对这种"不疼不痒"的语言已经麻木了，或者说已经见识过多次而产生抗药性了。

3. 上上策

班主任认为为了能够有效地给予小李适当的警示，有必要一改以前微笑的模样，于是非常严肃地说道："最近阴雨连绵，你父母的菜园生意有没有受到什么影响？"（菜都烂在地里了，肯定有影响，我买菜时从一位菜农那里打听过了。）得到小李的回答后，继续严肃地说道："我们那儿有一句话是这样说的，'父母过子女的生活'，也就是说父母之所以含辛茹苦地为子女操心，就是因为父母把自己的希望都寄托在了子女身上。我到菜场买菜时，听一位菜农说，自己家的菜几乎都烂在园子里了，我想你家的菜园大概也不会好到哪里吧！你的父母真的很辛苦啊。不过你的父母和其他菜农不一样的地方是，他们的儿子在读高中，菜烂掉了不要紧，他们还有希望，那就是希望你有一天可以考上大学。或许他们一想到你正在教室里认真读书、听课和写作业的情景，就会笑得合不拢嘴。"班主任稍微顿了一下，然后继续微笑着说："这几天你总是迟到、上课讲话、不交作业，我想你肯定有你自己的特殊原因。但不管是什么理由，都不能不好好学习，要不然你怎么向父母交代，怎么向自己交代？老师和你的父母都期待你以后能有更好的表现！"

采用这种说话策略，班主任可谓用心良苦，这种说话策略足以体现班主任的爱心、耐心、责任心和同情心。事实证明，这种"软磨硬泡"的语言更能让小李有醍醐灌顶的感觉。

7. "得意门生"犯了严重错误

> 当得意门生犯错误时，多数教师都
> 会面临复杂的心情。一方面担心一直受
> 表扬的他们会因为老师的一次批评而一
> 蹶不振，另一方面也担心他们因为在犯
> 错时没有得到教师的及时指导而不能全
> 面、健康发展。

☕ 情景再现

第二节课下课后，我刚走进办公室，陈老师随后就跟了进来。平时科任老师很少主动来找我，今天陈老师主动过来且满脸乌云，我想肯定出事了，而且事情还不小！我赶忙问他怎么回事。陈老师气愤地说："小罗竟然不经我的允许就擅自走出教室！我问他为什么出去，他看了我一眼后连一句话都没说就大摇大摆地出去了。如果所有学生都像他这样那还了得！"

小罗是一名性格内向的男生，本学期是以"双优生"的身份被我争取到班里的"苗子"。开学以来，他一直很踏实、认真、勤奋地学习，而且画得一手好画，真是一个完美的典型和榜样，我也慢慢地把他看作是自己的得意门生。没想到今天他却犯了这样的错误。

听完陈老师的"一家之言"后，我迅速跑到教室把小罗喊出来，我要把事情调查清楚。

果然是小罗犯了严重错误。我问小罗怎么回事，他有点无所谓地说道："那是在早读课上，我觉得肚子有点不舒服，就想去卫生间。刚到后门口，就被陈老师拦住问我要做什么，这个时候出去除了上卫生间还能做什么，陈老师太大惊小怪了！"

　　顾名思义，得意门生就是教师比较满意的学生。虽然新课程理念呼吁教师要平等地对待每一位学生，但是，由于教师个人的经历、文化知识以及教育理念的局限，在日常的教育教学中会不自觉地把某些品学兼优的学生看成是自己的得意门生，并时常给予特别的理解、关爱和宽容，一般情况下，很少去批评、责骂及惩罚他们。当得意门生犯错误时，多数教师都会面临复杂的心情。一方面担心一直受表扬的他们会因为老师的一次批评而一蹶不振，另一方面也担心他们因为在犯错时没有得到教师的及时指导而不能全面、健康发展。

　　小罗的说法十分可笑。他竟然把课堂的组织纪律视为儿戏，把我行我素当成了应有的自由和权利，把老师的正常行为理解为故意找茬，而且到现在还没认识到错误。他思想深处的错误需要及时纠正。而且，这是一个公开的错误，他先是擅自走出教室，然后又公开地顶撞老师，全班同学不仅清楚地看到了他的错误行为，而且还迫不及待地等待我这个班主任给予他相应的惩罚。他是"双优生"，但我不能偏袒，这样公开的错误，必须采取公开的处理方式，要不然难以服众。不过我担心他性格比较内向，而且一直比较优秀，如果贸然公开地批评他，他的心里会产生阴影。

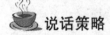说话策略

　　1. 下下策

　　在班级里公开地批评他，做到一视同仁。班主任严肃地训斥道："小罗，作为一名'双优生'，你竟然如此无视班规，你难道把教室当作了饭店？上课时间，进出教室难道不应该向老师打个招呼吗？你也太嚣张了吧！最可气的是，你竟如此地不尊重老师，并用无礼的行为'回报'老师的关心，这是一种多么拙劣的行为！"

　　采用这种说话策略，班主任的言语或许可以起到杀鸡儆猴的目的，但这毕竟只是一种简单、粗暴的行为，毫无教育智慧可言，还极有可能使小罗一蹶不振或羞愧难当，进而陷入逆反或颓废的泥淖。

　　2. 中策

　　在班级里用比较温和的语言批评他，对他采取宽容的态度。班主任微

笑着说道:"小罗一直是我班学生中的佼佼者,偶尔犯一回错,也情有可原。'人谁无过?过而能改,善莫大焉'。希望小罗同学以此为戒,逐步完善自己,并争取更大的进步。"

采用这种说话策略,班主任的话不仅起不到批评、教育小罗的作用,还会让班级其他同学大失所望并心存不平。这种睁一只眼闭一只眼的做法并非长久之计。

3. 上上策

首先在办公室里,和小罗进行一对一的交谈。班主任语气温和地说道:"首先,你未经老师允许擅自离开教室,缺乏对老师最起码的尊重,也是我们班规所不允许的。虽然你觉得自己肚子不舒服去卫生间是正常的事情,而且自己一直以来都很遵守纪律,没有违规的记录,老师可以完全放心,但你忽略了一个事实——老师不可能准确地了解每一个学生的想法。打个比方,假如你到鞋店里去买鞋子,还没付钱,你就把鞋子放进了自己的包里,你觉得装好之后付钱和付钱之后再装起来是一样的,但店主很可能会怀疑你想偷鞋子,要不然怎么不付钱就把鞋子'藏'起来了呢!这是最起码的常识,很明显这一点你错了。其次,老师问你为什么出去,那是老师对你负责,也是对你的关心,但你对老师的关心置之不理,不仅让老师伤心,还会让别的同学觉得你很没礼貌。最后,你是一名'双优生',老师一直以来都比较看重你,如果你是班主任,你应该怎么处理这件事情?是搞特殊化呢,还是按班规办事?"

在教室里,公开地批评小罗。班主任平静而有力地说道:"一直以来,小罗都是我们班里出类拔萃的学生,在学习、纪律方面都堪称是大家的楷模。但小罗在今天早读课上的不理智的行为,是完全错误的!他不仅无视班规,未经老师允许擅自离开教室,而且还误解老师的做法并一意孤行,完全没有尊重师长。按照我们的班规,特对小罗做如下处理……希望大家引以为戒!"

采用这种说话策略,班主任在处理本次事件时主要考虑到三个方面。一要使小罗认识到自己的错误,并心悦诚服地接受批评并改正;二要用小罗的错误对其他同学进行及时的警示教育;三要做到班主任处理问题时的公平、公正,在树立班主任威信的同时,也得到了全班学生的信任。因此,上述说话策略无疑考虑得比较全面。

8. 学生不讲信用

> 我没有把好"通情达理"和"人性化管理"的度，刚开学几天就让学生觉得我做事很随意、主观性很强，没有重视规章制度的约束。

情景再现

开学第五天，上午刚放学，小忠跑来向我请假，说家里有急事，必须回家。看着他那焦虑的眼神，我相信这不是装出来的，于是就说："那就不用开请假条了，否则还要找政教处老师和生活老师签字，会耽误很多时间。不如我直接把你带出学校吧！"小忠连连说"谢谢"，我心里也感觉暖烘烘的。特事特办，急学生之所急也是班主任分内之事，这样或许更人性化一点。在带他出校门的时候，我问他什么时候可以回来，他说晚自习前肯定能回来，如果不能回来，他会让父母给我打电话续假。

然而，晚自习的时候，我到班里查勤，发现小忠不在。这是我利用特权把他带出去的，要是出了事，不管是对我本人还是对学校，都会造成恶劣影响，这些我都跟小忠说清楚了呀！我急忙看手机，是不是有未接电话，但什么也没发现。我有点着急，于是急忙拿出学生信息登记表，查找小忠家长的电话并打过去。接电话的是小忠的母亲，她说事情已经解决，但小忠说在晚自习课上老师又不会讲新课，想明天早上才过去。我问怎么不说一声，小忠母亲也很爽快地回答："我问小忠要不要打电话向班主任续假，小忠说没事，班主任不是那种古板的人。"

小忠第二天早上来到学校，我随即把他"请"进了办公室。

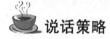

情景分析

在上小学时，学生就学习了普通老百姓都耳熟能详的《立木为信》的故事。从小，学生就学会了很多有关诚信的名言警句，比如，"遵守诺言就像保卫你的荣誉一样"（巴尔扎克），"一言既出，驷马难追"（中国俗语），"信用既是无形的力量，也是无形的财富"（松下幸之助），"一个人严守诺言，比守卫他的财产更重要"（莫里哀），"失掉信用的人，在这个世界上已经死了"（哈伯特）等等。

但是经常接受哲理故事及名言警句熏陶的学生还是经常破坏自己的诚信，其主要原因有两种。一种是学生对特定条件分析不足，认为没有必要讲信用或即使不讲信用也没关系，比如上文所述的小忠；另一种就是学生为了自身的利益，对讲信用毫不在乎，这是品德上的问题。在听完小忠母亲的话后，我顿时就火冒三丈。小忠这学生太不守信了！如果当时小忠在我身边，我非得严厉地批评他不可。我因为看他着急就特事特办，他却在这种事情上食言，这至少说明他不是一个一诺千金的学生。然而，作为班主任，我也有不可推卸的责任。我没有把好"通情达理"和"人性化管理"的度，刚开学几天就让学生觉得我做事很随意、主观性很强，没有重视规章制度的约束。

说话策略

1. 下下策

小忠做事情不讲信用，使班主任十分恼火。看着迟来的小忠，班主任顿时火冒三丈，严厉地批评道："你知不知道有一句话叫做'君子一言，驷马难追'？君子把信用看得比生命还重要，而你呢，视承诺为粪土。难道你不想做君子，只想做小人吗？"

采用这种说话策略，班主任无疑能一解自己心头之恨，进而把满腹的愤怒、牢骚发泄出来。然而这种发泄行为，并没有起到教育小忠的作用，反而会给学生留下难以抹去的坏印象。当然小忠的错误也没有得到及时更正。

2. 中策

虽然小忠没有打电话续假，但班主任毕竟在第一时间内联系到了小忠，并没有造成十分恶劣的影响，班主任于是不疼不痒地说道："小忠，说出去的话，就像泼出去的水，是收不回来的。所以说到就要做到，一定要讲信用。还好这一次并未造成什么影响，下不为例啊！"

采用这种说话策略，班主任无疑不会让小忠感到十分"愧疚"或"震撼"，那么这样的教育效果可想而知，小忠以后或许还会有更多不守信用的行为。

3. 上上策

班主任经过一夜的反思，心情归于平静，见到失信的小忠，也不那么生气了。班主任只是想让小忠能够知错就改，于是微笑着和小忠唠起了家常："你家的事情都解决了吧？如果经过政教处老师和生活老师逐一签字的话，可能会浪费不少时间。"（班主任故意和他说这些，好让他回忆昨天请假时的情景，特别是班主任的特事特办。）班主任之后严肃地说道："晚自习上课铃响的时候，我到教室里查勤，发现你不在，看看手机，又没有未接电话。老师还以为你出事了呢，因为你临走时清楚地和我说'如果不能及时回来，一定会让父母给我打电话续假'，我特别担心，于是楼上楼下跑了好几回去查找你家长的电话号码。其实，既然你家长已经提醒你了，你就应该打个电话给我，老师也就不会担心了。这回幸好没出什么事，以后不能这样做了。以后你请假，我们得按程序来，要不然可能会出大乱子。"最后再补充说道："开学第一天，我就跟你们说过，无论何时，都要展示给别人自己最美好的形象，可以说你昨天的做法就让你在我心目中的形象受损。不过还好，这件事已经过去了，并未造成什么恶劣的影响，以后千万别这样了。因为我是你的班主任，不会和你计较，如果我是你的老板呢，可能就会炒你鱿鱼了！一个人的信用要比一个人的生命还重要，你要尽早明白这个道理。"

采用这种说话策略，班主任的话可能听起来有点啰嗦，但很有必要，就像熬汤要用小火慢慢煮一样，教师在教育学生时也要有耐心。

9. 学生因调皮而招致恶果

作为班主任，我几乎每天都提醒学生注意食品安全、人身安全、交通安全等问题，但是学生往往觉得这些事情离自己很远，一点也不重视，更谈不上记在心里了。

情景再现

昨天晚上十点多，我刚要睡觉，突然电话响了起来，是男生公寓的生活老师打来的。这么晚了怎么还给我打电话？我赶紧接听电话，果然是出事了。我班学生小伟的膝盖摔伤了，而且血流不止！我急忙向男生宿舍跑去。当我气喘吁吁地赶到时，寝室里站满了人。学生们见我过来，都让开了路，小伟还坐在地板上呢！他的裤子被捋到大腿处，膝盖旁边有一道大约五厘米长的口子。我看血流得比较多，伤口也比较深，觉得校医务室处理不了。于是我在打电话向政教处领导汇报情况的同时，叫了几个个子比较高的男生，准备把小伟背到校门口，然后打车去医院。在去医院的路上，我的心一直悬着，生怕小伟摔得很严重。万幸的是，经过医生检查之后，确认没什么事情，不需要用针缝合，只要简单清洗、包扎，再吃点消炎药就好了。

在从医院返回学校的路上，我问小伟怎么回事。他挠挠头，说："我和几个同学在洗漱时嬉戏打闹，在追逐的过程中，不小心滑倒了，正好摔倒在楼梯边上，被凸出来的瓷砖划伤了。"

情景分析

"调皮"在《现代汉语词典》中的解释是：①顽皮。②不驯顺；狡猾不易对付。③指耍小聪明，做事不老实。在学校教育中，教师经常把"调皮"的外延扩大，比如，上课时东张西望的学生、下课后在走廊里追逐嬉戏的学生、在同学背后粘贴乌龟图像的学生等，这些不遵守纪律和不服从教师管理的学生都可算作是调皮的学生。调皮捣蛋的现象一般发生在低年级的学生中，因为这些年龄较小的学生好奇心强，缺乏纪律意识。但是，对于部分高中生来说，有时依然很"调皮"。一般情况下，高中生调皮捣蛋的现象可以分为四种情况。第一种是有些学生虽然年龄稍"大"一些，但身心发育较慢，依然是没长大的孩子；第二种是有些学生遇到某些情况时，会突发奇想地搞一些恶作剧，比如在浴室里洗澡时互相泼水；第三种是有些学生觉得学校里的生活枯燥乏味，故而经常想做一些新鲜、奇怪的事情，以便引起同学、教师的注意，获得一种满足感，比如个别男生在女生课桌里放青蛙；第四种是有些学生具有较强的逆反心理，对学校的规章制度不屑一顾，常常故意违反纪律，搞破坏活动，比如个别学生被老师批评后在黑板上画老师的画像。

大多数学生调皮捣蛋都是天性使然，他们往往只顾着好玩，而忽略了安全、纪律以及荣誉等问题。在遇到调皮捣蛋的高中生时，教师应从以下几个方面来妥善处理：首先，教师应保持良好的心态，以一颗平常心来对待学生调皮的现象。活泼好动是学生的天性，不要看到调皮的学生就怒发冲冠，更不要把学生看成是军营中绝对服从命令的士兵；其次，教师应通过各种灵活的教学方法和丰富多彩的课余生活吸引学生的注意力，培养学生学习的主动性、积极性、持久性；再次，教师应循循善诱，因材施教，对顽劣成性的学生采取宽容的态度，帮助他们客观地分析自己，耐心细致地做思想工作，了解他们的心理状态。

小伟虽然都读高二了，但还是像一个小学生似的，整天嘻嘻哈哈的，课间总是在楼道里跑过来跑过去。之前，我已经找他谈过几次话，明确地告诉他不能在楼道里追逐嬉戏，否则很容易摔伤。但是，小伟好像并没有把我的提醒放在心上，这不，今天他就出事了。作为班主任，我几乎每天都提醒学生注意食品安全、人身安全、交通安全等问题，但是学生往往觉得这些事情离自己很远，一点也不重视，更谈不上记在心里了。

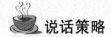 **说话策略**

1. 下下策

班主任觉得发生了这样的事情，责任完全在小伟身上，于是气愤地说道:"小伟,以前老师怎么跟你说的?天天告诉你不能在楼道里追逐嬉戏,因为这样容易摔伤,但你总是把老师的话当成耳边风。你要是能记住老师的话,就不会发生这样的事情了!今天尝到苦果了吧,看你下次长不长记性。"

采用这种说话策略,班主任虽然说的都是事实,但毕竟是气话,很容易让小伟觉得班主任没有一点人情味,进而对班主任产生逆反心理。这样的话,班主任就做了一件吃力不讨好的事情。

2. 中策

班主任认为小伟身体已经受伤,一心想开导小伟,于是微笑着说道:"小伟,有一句话叫'破财消灾'。今天虽然花了一些钱,幸好只是虚惊一场,并没有什么事情。你千万不要往心里去,正所谓否极泰来,以后就都是好运了!今天的事情就当花钱买个教训,以后注意一点就行了。"

采用这种说话策略,班主任可以让小伟紧张的心情归于平静,同时也体现了班主任的关心之情。此外,班主任也委婉地批评了小伟的行为,以期小伟能够吃一堑,长一智。这样的教育方式更容易让小伟接受。

3. 上上策

班主任虽然在心底对小伟有些埋怨,但望着小伟被包扎的膝盖,心便软了下来,关切地问道:"现在还疼不疼?"待小伟回答后,又温柔地说道:"小伟,老师刚看到你的伤时,心里也吓得不轻。但是现在没什么事情了,医生已经告诉我们没有大碍了,你不用担心。老师想提醒你几件事情:一是你一定要按照医生的嘱咐,按时吃药,不要做剧烈运动;二是上楼下楼以及去卫生间的时候,一定要让同学搀扶着你,一会儿你回寝室时,我会安排几个同学帮助你;三是你的父母都在外地,按常理说应该通知你父母一声。但是我想,一旦通知他们,他们可能会非常担心,进而影响工作。况且医生也说了,并没有什么大碍,你觉得要不要通知你的父母呢?"

采用这种说话策略,班主任的话体现了"没有爱就没有教育"的理念。突遇安全事故,学生也受到了轻微的伤害,或许这个时候的教育不需要任何的批评和谩骂,相反的,只需要关爱和鼓励。对于高二的学生来说,平时没有听从班主任的教诲,现在终尝苦果。其实他们很容易就明白这个道理,不需要班主任再婆婆妈妈地唠叨。

10. 学生因给集体抹黑而内疚

学生给班级抹黑后，能够积极主动地承担责任并表示歉意，这种行为本身就体现了当事学生的良好素养，值得班主任肯定和表扬。

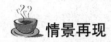

情景再现

本周我班是值周班，负责全校学生做眼保健操时的纪律检查。因为学生都有值周的经验，所以我并没有过多地强调，只是安排纪律委员小怡全权负责。我想，这样的事情完全可以放心地交给学生去做，班主任不能包办、代替。谁知还是出了一点小插曲。小怡只是简单地安排了十几个学生去检查，并没有做具体的分工，以致出现了所有值周学生都挤在三楼的现象（我班教室就在三楼），而一楼、二楼、四楼和五楼没有一个值周学生。其实这本来是一件小事，但是偏不巧的是那天县教育局的几个领导来学校视察。他们发现三楼有十几个学生在走廊里做眼保健操的时候有说有笑，乱哄哄的，就问校长是怎么回事，校长费了一番口舌进行解释，并且督促身边的政教处主任去"引导"值周学生。县教育局的领导走后，政教处主任就利用课间时间打开校园广播，瞄准了我班学生狠狠"开炮"："某个班的值周学生，本来是维持做眼保健操期间的纪律的，是执法者，但却知法犯法，在走廊里十几个人围成一团打闹嬉戏，弃学校形象而不顾。为了让其他班级引以为戒，经政教处研究，特从其班级四项竞赛总分中扣除五分！"扣除五分？也太狠了吧！正当我这样想着的时候，小怡低着头出现在办公室门口。我招手让她进来，她慢腾腾地走进来，低着头，轻轻地说道："老师，对不起！"

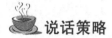 **情景分析**

一般情况下，学生给班级抹黑的行为可以分为两种情况，一种是有意给班级抹黑，另外一种是无意给班级抹黑。对于有意给班级抹黑的学生来说，极有可能是当事学生对班主任产生了严重的抵触情绪，故而借机给班级抹黑以发泄不满的情绪。造成这种现象的原因多是班主任的教育方式过于简单、粗暴，引起了当事学生的记恨。对于无意给班级抹黑的学生来说，多半是因为自己在思想上不够重视、工作能力不强以及缺乏工作经验等引起的。这里既有学生的责任，也有班主任的责任。班主任的责任就在于事先未能及时、有效地对学生进行指导。

学生给班级抹黑后，能够积极主动地承担责任并表示歉意，这种行为本身就体现了当事学生的良好素养，值得班主任肯定和表扬。

在班级的日常管理中，班主任应重视班干部的管理。为了更好地引导班干部的成长，班主任一般会引入问责制，即哪个班干部负责的领域出现问题，哪个班干部就承担主要责任。今天发生的这件事情，在学生的心目中，理所当然地应由小怡负责。但是，我的工作也有疏忽的地方。虽然小怡是高二的学生，也值过周，但是，她负责安排过值周吗？我在要求小怡全权负责这项工作时，至少应该先问问小怡熟悉不熟悉这项工作，不然就不会出现这种情况。由此可见，主要责任人应该是班主任。

说话策略

1.下下策

班主任虽然觉得自己应该对这件事情负主要责任，但是又不想在学生面前承认错误，于是简单地安慰道："小怡，这只不过是小事，不必放在心上。'人非圣贤，孰能无过'，以后再遇到类似的事情时注意一点就行了！"

采用这种说话策略，班主任几乎把所有的责任都推给了小怡。虽然维护了班主任的尊严，也没有怪罪小怡，但是在小怡的心里，肯定会有不少委屈。即使班主任"宽宏大量"，但还是不能让小怡释怀。此外，班主任的这种"忽悠"学生的行为即使不被学生揭穿，也会在班主任心底或多或少地留下一点阴影，让班主任下次再面对小怡时感到愧疚。

2. 中策

班主任感觉已经认识到了自己的错误，就没必要在学生面前再"唠叨"了。倒是小怡把这样的小事都给办砸了，有必要给她敲敲警钟，于是关心地说道："小怡啊，这件事并不严重，你不要放在心上。不过，当时在我交给你任务的时候，你没有相关的工作经验，应该问问老师。我还以为你以前负责过类似的事情呢。"

采用这种说话策略，班主任的目的在于帮助小怡成长，也就是说，班主任的出发点是好的，并且在表达自己的观点和建议时，用语都比较委婉，相信小怡会接受并铭记在心。

3. 上上策

班主任深深地感受到了小怡的无辜和无奈，同时也很想帮助小怡认清这件事，于是微笑着说道："小怡，今天发生这样的事情，如果要问责的话，我这个班主任的责任最大，你这个纪律委员的责任倒在其次。为什么这样说呢？首先，在我交给你任务的时候，我以为你既然是高二的学生了，肯定对值周的工作很清楚，所以没有问你熟不熟悉这项工作，这是老师的疏忽。其次，你还是要负一点点责任的。我忘了问你熟不熟悉这份工作，你当时也忘了问我到底该如何安排这项工作，当然，你当时可能没想到这些事情。最后，虽然班级四项竞赛总分被扣了五分，但是我们都从这件事中学到了不少东西，所以你就不要把这件事情放在心上了，咱们以后注意就好了！再者，你能主动地承担责任，说明你是一名值得信任的优秀学生，对此老师感到很欣慰，老师没有看错人！"

采用这种说话策略，班主任客观、公正地分析了事情的始末，并明确责任。可以说，这样的话语，不仅告诉了学生应该如何去做事情，更教会了学生应该如何去做人，因为班主任为学生树立了一个很好的榜样。班主任的人格魅力会深深地打动学生。

11 学生在老师和家长面前故意说谎

> 有关班主任的信息是学生家长评价班主任的最重要的依据，而且学生家长更多的是通过第二种途径获得有关班主任的信息，也就是说，学生说的话在家长评价班主任时起着重要的作用。

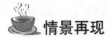 **情景再现**

上周五晚上六点多，我接到了小彭妈妈打来的电话。通话持续了将近一个小时，主要谈了两个问题。首先，小彭是独生子，父母在他身上寄予了很高的期望，希望他能考上一所理想的大学。用小彭妈妈的话说，她挣钱就是为了小彭，如果小彭考不上大学，生活中就没有幸福可言。第二，小彭妈妈想给小彭请一个化学家教老师，但是有水平的老师很难找到。她说我就是化学老师，想邀请我给小彭补习化学。我跟小彭妈妈说道："父母希望子女考上好大学，班主任同样也希望学生考上理想的学府。为了小彭能有一个好成绩，我很乐意为小彭补习化学。"但同时我又解释道："我们学校是寄宿制学校，学生的作息都是有固定时间要求的，学校不可能因为一个学生要补习化学而让他扰乱其他学生的休息。另外，也不可能抽取其他科目的时间来补习，所以现在要在学校给小彭补习化学的话，只有利用平时的自习课。这还要看看和小彭的美术专业课有没有冲突（小彭是美术特长生），因为美术课也是安排在自习课上。此外还要看和我的课程安排有没有冲突。"这样，我们就达成了共识，等小彭到学校之后，在比较班级课表、美术课表和我的课表的基础上，再决定到底在哪些时间可以给小彭补习化学。

小彭周日来到学校后，我就把他叫了出来，研究到底在哪些时间可以给他补习化学。比较课表后我发现，只有在周六下午第一节自习课可以补习。当我说以后就在周六下午第一节自习课给他补习化学的时候，小彭说每两周补习一次，次数比较少，间隔太长，还不如他课下自己慢慢看教材、做练习，有不会的再问我，这样效果可能会更快、更好。我想也是，就答应了。我还以为这件事就这样结束了，没想到几天后，小彭的妈妈又打来电话问我为什么还没开始给小彭补习化学。我说我很乐意给小彭补习化学，但小彭要自己看，有不会的问一问我就行了。而小彭的妈妈却说，小彭告诉她我是因为工作忙才不给他补习的！小彭的妈妈言语之间有一些埋怨。

情景分析

努力构建班主任与学生家长之间的和谐关系是班主任工作中的一项重要内容，而要达到此目的，班主任和学生家长必须同时在对方的心目中留下良好的印象，特别是班主任，要在品德、学识、能力等各方面得到学生家长的认可。一般情况下，学生家长获得有关班主任的信息的渠道主要有两种，一种是学生家长直接到学校和班主任交流，这是直接获得的信息；另一种是学生家长通过学生，间接地获得有关班主任的信息。有关班主任的信息是学生家长评价班主任的最重要的依据，而且学生家长更多的是通过第二种途径获得有关班主任的信息，也就是说，学生说的话在家长评价班主任时起着重要的作用。如果学生敬爱班主任，会时常在家里说一些班主任的好话，学生家长也会给予班主任很高的评价；如果学生讨厌班主任，往往会故意用不真实的信息贬损班主任，那么学生家长也会认为班主任很难胜任班主任工作。当然，还有一种情况就是，学生为了逃避自己的责任，故意说谎欺骗家长，这也可能会引起学生家长对班主任的误解。

根据我对小彭的了解，他还不至于讨厌我，因为前不久校长找他们这些美术生谈话时，小彭还说了我很多好话。校长把这些好话告诉我时，还夸我做班主任有方法、讲艺术。小彭成绩平平，学习也不够努力，虽然这学期有所好转，但还是比较厌学。他之所以说谎，主要还是因为不想补习，其实并没有恶意。

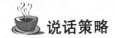

说话策略

1. 下下策

班主任非常在意自己在学生家长心目中的形象，因此对小彭的谎话感到非常气愤，于是严厉地批评道："当初，我要在周六下午第一节自习课给你补习化学，你说次数比较少、间隔太长，还不如自己看看教材、做做练习，遇到不会的再问我。老师觉得也有道理，所以就同意了你的想法了，可是你为什么在你妈妈面前说是因为老师工作忙才不给你补习化学呢？你这不是睁眼说瞎话吗？你知道吗？你这是欺骗家长、故意贬损班主任的恶劣行为！你这样做，老师以后还怎么敢信任你？"

采用这种说话策略，班主任直接地指出了小彭的错误，并用严厉的语气批评了他，很可能让他觉得很难堪，从而在心里讨厌甚至记恨班主任，而这又会加重家长对班主任的误解，给将来班主任与家长的沟通也会带来很多障碍。总之，这是一种很不明智的做法。

2. 中策

班主任认为小彭是因为自己的懒惰和厌学才出此下策，并不是有意要贬损老师。不过教师应让他知道这样做的危害，于是心平气和地说道："小彭，今天我接到你妈妈的电话，主要是关于你补习化学的事情。当初，我要在周六下午第一节自习课给你补习化学，你说次数比较少、间隔太长，还不如自己看看教材、做做练习，遇到不会的再问我。老师觉得你说的也有道理，所以就同意了你的想法。可是没想到，你在你妈妈面前却说是因为老师工作忙才不给你补习化学。当然我很清楚，你这样说，并不是有意针对我，而是怕你妈妈说你懒惰才故意这么说，对此，老师一点也不怪你。但是，你要想一想，你这样说会带来哪些后果，最直接的一条就是这样会使你妈妈对我这个班主任有看法，认为我不负责任。如果她埋怨我，我小肚鸡肠的话，我就会怨恨你，我就可能找机会批评你，到头来吃亏受罪的还是你自己！你想一想，是不是这样？"

采用这种说话策略，班主任是在认真仔细地和小彭交流，目的很简单，就是想让小彭认识到自己的错误，以免以后再犯类似的错误。班主任这种动之以情、晓之以理的教育方式相信可以收到很好的效果。但是，美中不足的是，小彭都已经是高中生了，这些道理他应该都明白，班主任再这样"啰唆"一遍，也许会让小彭觉得很没面子。

3. 上上策

班主任认为事情还没有发展到无法弥补的地步，谈话时首先应保护小彭的尊严，所以要以宽容的态度来感化他，于是微笑着说道："今天我接到你妈妈的电话，她说你告诉她，老师工作繁忙，所以你要自己看教材、做练习。对此，老师表示感谢。你妈妈打电话的目的，还是想请我给你补习化学。放下电话后，我也想了很多。你是家里的独生子，父母都希望你能考上好大学，如果我再不帮忙的话，就显得我太不负责任，也太没有爱心了，这样会让你妈妈对我有不好的看法。作为班主任，我最高兴的事就是得到学生和家长的认可，我可不想让你妈妈对我有意见啊！所以，我想和你商量商量，我们还是开始补习吧，你说好吗？"

采用这种说话策略，班主任是在用自己的爱心、宽容和责任心来培养学生的爱心、宽容和责任心。这不仅保护了小彭的尊严，更会让小彭深刻地认识到自己的错误，从而让小彭在成长的同时，更增添了对班主任的敬佩和感激之情。这对班主任将来在各方面教育小彭都十分有利。

12. 劝诫学生不再抄袭作业

而四天之中晚自习的时间全部加起来也不够，所以才出现了部分优秀学生"被迫"抄袭作业的现象。但无论如何，抄袭总是不可取的。

情景再现

期中考试之前的复习期间，我接连接到英语、数学、物理等科任老师的反馈信息——我班抄袭现象很严重。以前，也偶尔听说过个别学生抄袭的现象，但并未形成风气。另外，由于我是班主任，在我布置的作业中我从未发现明显的抄袭现象，这些都让我对此麻痹大意，没有及时地针对这种现象做过有效的工作，以致事情发展到这个地步。为了了解详细的情况，我把学生的这三科的作业本和有关的模拟试卷拿出来比较，这才发现，除了有学习成绩不好的学生抄袭外，部分成绩优秀的学生也有抄袭的现象。在一次物理作业中，竟有八人有雷同的解题步骤！

情景分析

虽然教师三令五申禁止学生抄袭作业，但抄袭的现象还是屡禁不止，并且在有些学校里还有愈演愈烈的趋势。调查表明，造成抄袭现象泛滥的原因以及相应的对策主要包括以下几个方面。

首先，长期以来，教师在应试教育思想的羁绊下，形成了"课上拼命灌，课下学生拼命练"的教学方式，致使学生整天淹没在题山书海之中。作业负担过重让他们对作业应接不暇，只好通过抄袭来快速地完成任务。遇到这种情况时，教师应转变观念，尽量使作业少而精，切实减轻学生的负担，让学生有时间去独立地完成作业。

其次，有的教师在布置作业时，并没有经过认真地选择，只是信手拈来，随心所欲，缺乏必要的针对性和梯度性。不是过难，就是过于简单，不能激发学生做作业的欲望，迫使他们以抄袭的方式敷衍了事。遇到这种情况时，教师应认真钻研教材，精心选择具有代表性的习题，争取让每一个学生都产生主动完成作业的内部需求。

最后，单一僵化的作业形式和枯燥乏味的作业内容不能带给学生一点新鲜感，使学生丧失做题的兴趣，故而用抄袭的办法来交差。遇到这种情况时，教师应紧跟时代步伐，全面了解学生的特点，将作业与新知识、新信息结合起来，尽量提高作业内容的新颖性。同时，采取书面作业、口头作业、演讲、实验、手工制作等多种作业形式，使学生体会到做作业的乐趣。

学生抄袭现象的原因是多方面的，既有客观因素，也有学生主观方面的因素。只要教师端正态度，彻底转变观念，耐心地教育学生，这种现象就一定能够杜绝。对于班主任来说，除了要和科任老师紧密联系，共同解决上述客观问题外，还要对学生进行必要的引导，以解决学生主观方面的问题。

以前我只听说过成绩比较差的学生抄袭成绩优秀的学生的作业，而这次竟有部分成绩比较优秀的学生也有抄袭的现象。素质教育的口号虽然喊得越来越响，但是学校中为考试而学习的现象并未因此而减少。不可否认，只要"高考指挥棒"这样的评价方式不改变，"讲解加练习"的教学方式就不会改变。事实上，这种分数的竞争不仅存在于学生之间，还存在于老师之间。学生要考好大学，老师要评优、评先、拿奖金。为了使双方都能获益，老师不得不给学生布置大量的作业。据我的调查统计，在此次期中考试备考的四天时间里，化学、语文两个科目各发了两张复习试卷，生物、物理、英语三个科目各发了三张复习试卷，数学发了五张复习试卷，学生一共要完成十八张试卷。如果按照做一张试卷平均需要一小时计算的话，那么学生在这四天的复习时间里要有十八个小时用于做试卷。而四天之中晚自习的时间全部加起来也不够，所以才出现了部分优秀学生"被迫"抄袭作业的现象。但无论如何，抄袭总是不可取的。

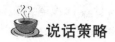 **说话策略**

1. 下下策

班主任认为高中生抄袭作业就是故意犯错，必须严厉地批评，于是言辞激烈地说道："大家都已经是高中生了，快要成年了，应该明白什么是对什么是错。可是，有些同学太让老师失望了，作业竟然一字不差地全盘抄袭，老师想问问你们这到底是在哄骗谁？你们这是在哄骗含辛茹苦、对你们寄予厚望的父母啊！如果你们的父母知道了你们天天在抄袭别人的作业，他们会多么痛心啊！所以，请大家替你们的父母着想一下，赶快悬崖勒马，以免将来追悔莫及。"

采用这种说话策略，班主任是在唤醒学生的良知。不可否认，有部分学生会因此幡然醒悟。但是，这些学生必然会对自己的错误行为耿耿于怀，进而在心里产生巨大的压力，对那些非常孝敬父母的学生来说更是如此。由此可见，这种给学生施加过大压力的说话策略并不可取。而且，学生从小学到高中，不知道听过多少类似的话语。因此，这种说话策略能唤起多少学生的良知还是一个未知数。

2. 中策

班主任认为学生在作业过多的情况下抄袭，完全是可以理解的。于是委婉地劝慰道："最近，我发现有很多同学的作业并不是独立完成的，而是一字不差地全部抄袭。我平时经常和你们说，做作业时如果遇到问题，可以参考别人的解题方法。但是在参考的同时，一定要把别人的方法内化为自己的东西，也就是要保证在参考的基础上自己也学会了，否则做作业也就没有意义了。另外，大家还可以想一想，如果全盘抄袭的话，那和小偷偷别人的东西有什么差别？在这里我要提醒大家，在做作业的时候，一定要注重实效，千万不可自欺欺人，也不要抱着完成任务的心态，否则就失去了做作业的意义。"

采用这种说话策略，班主任是在从抄袭作业的"价值"入手进行分析。一是强调了抄袭对自己的进步没有意义，二是指出了抄袭和偷窃是相同的行为，三是向学生说明做作业并不仅仅是完成老师下达的任务。通过这几方面的论述，一定程度上会使大部分学生感觉到抄袭的确是"没什么意义"，或许学生就会慢慢地改掉抄袭的毛病。但是，这种说话策略并没有针对所有的学生。在抄袭作业的学生中，有一部分是主动抄袭，还有一部分是"被迫"抄袭。这种说话策略只适合于转化那些主动抄袭的学生，而对那些"被迫"抄袭的学生来说，意义并不大。

3. 上上策

班主任很同情学生的处境，但同时认为必须遏制这种不良风气。于是决定对学生们动之以情，晓之以理，说道："期中考试马上就要到了，同学们都在紧张地复习。为了能让大家复习得更有效果，各科任老师都不辞辛苦，从各种资料中遴选出部分优秀的试题，整理成试卷以帮助大家夯实基础、查漏补缺。老师调查了一下，发现语文、数学、物理、英语、物理、化学、生物等科目先后共发下18张试卷，也就是说，平均下来，大家每天要做4.5张试卷。由此可见，大家的工作量很大，再加上大家最近忙于复习比较辛苦，所以大家可能觉得时间很紧张，于是出现了部分学生抄袭的现象。那么，抄袭有什么意义呢？我们平时强调，做作业时如果遇到问题，可以参考别人的解题方法。但是在参考的同时，一定要把别人的方法内化为自己的东西，也就是要保证在参考的基础上自己也学会了，否则做作业也就没有意义了。另外，大家还可以想一想，如果全盘抄袭的话，那和小偷偷别人的东西有什么差别？如果觉得时间比较紧张的话，大家可以想一想，是不是自己的时间安排不合理，还是因为自己的解题速度太慢，因为大部分的同学都在规定的时间内完成了作业。总而言之，我希望大家合理安排时间，尽自己的最大努力去完成作业，不可以敷衍了事，更不能全盘抄袭。要本着对自己负责的态度，切实改正自己的错误行为。这几天，我会把大家的作业都汇总起来，看一看还有哪些同学抄袭，还有哪些同学只做了一部分的试题。希望大家认真对待。"

采用这种说话策略，班主任首先从学生的角度出发阐述观点，这样容易引起全体学生的共鸣，从而为学生接受班主任之后的劝诫打下心理基础。之后，班主任详细地分析了抄袭的弊端以及及时、有效地完成作业的方法，这样也就给学生提供了解决问题的方法，而不是一味地指责。最后，班主任打算汇总学生最近几天的作业，以便检查学生的完成情况，这样能给懒散的学生施加压力，也能在一定程度上督促学生有效地完成作业。

第三辑

Banzhuren Ruhe Shuohua

当学生出现情感问题时，

班主任如何说话

1. 男生公开早恋

对于小兵和晓慧来说，不管是谁追求谁，恋爱已不再是他们两个人之间的秘密，家长和老师已经知道，这个事实必须让小兵知道。

☕ 情景再现

要不是隔壁班晓慧的家长过来找我，我还不知道我班里的小兵已经恋爱了！事情来得很突然，那天我正在办公室里备课。

"你是赵老师吗？"

听到有人喊我，我抬头望去，一位四十岁左右的妇女站在门口。我以为是哪位学生的家长，赶忙请她坐下来说话。

"赵老师，我是高二（7）班晓慧同学的家长。我找你是有点事情想请你帮忙。"她在说到"帮忙"时脸突然沉了下来。

其他班的学生家长找我有什么事情呢？"你请说！"我急忙说道。

"是这样的，你班里的那个叫小兵的男同学天天缠着我女儿，都好长一段时间了，害得我女儿的成绩由班级的前十名下降到了倒数第十名。我们家的经济条件不好，我们还指望女儿能考大学过上好日子呢！"这位妇女痛苦而又无奈地说着，说话时，她的两只眼睛紧紧地盯着我，让我心里十分愧疚。

听完这位妇女的话，我才开始注意她的穿着。她身上穿着一件肥大的棉袄，没有穿外套，看来家境的确很清贫。这样的家庭还能支撑着让子女读书，肯定是对子女寄予了很高的期望。

"真的很抱歉，之前我还不知道有这样的事情。你放心，我今天一定抽空找小兵谈谈，尽量让他不再耽搁你女儿的学习！"从这位妇女的表情来看，我已经确认晓慧和小兵在谈恋爱了，于是忙不迭地答应帮她解决此事。

我所带的班级是进行文理分科后刚组建的班级，我刚接手不久，对很多学生了解不深。就比如小兵吧，平时喜欢打篮球，性格很开朗，长得也帅气。上课时认真听讲，分班时他的总成绩排在第十名。从平时的这些现象来看，恋爱并没有给他带来坏的影响。但是，晓慧已经受到恋爱的严重影响，不仅成绩大幅下滑，还极有可能和母亲之间爆发了一场"战争"，要不然她母亲怎么会知道她早恋。

不管怎么说，晓慧和小兵之间的确不再是正常的同学关系了，这一点从我后来的调查中也得到了证实。

情景分析

高中生正处于青春期，由于男女同学之间交往频繁，他们极容易对异性同学产生爱慕之情。当他们把这种爱慕之情转化为具体的行为时，就出现了令家长、教师倍感头疼的早恋现象。特别是由于近些年生活条件的改善，学生青春期普遍提前，这也是早恋低龄化的一个主要原因。引起早恋行为的原因是多方面的。其中，步入青春期学生的生理、心理因素是中学生早恋的主要原因，也是内部因素。除此以外，研究表明，引起中学生早恋的外部因素包括以下几个方面：（1）外界环境中黄色书刊、黄色电影、黄色游戏等不健康因素的刺激，引起他们心理的不平衡和感情冲动，进而使他们陷入早恋的误区。（2）受社会上一些不良风气的影响，有些学生认为不谈恋爱就说明自己不够优秀，这让他们以早恋为荣。（3）部分早恋现象是由家庭教育不当引起的。如家长粗暴地对待子女容易使子女产生叛逆心理；对子女要求过严的家庭容易使子女承受过大的压力；对子女过分溺爱的家庭会使子女养成追求享受、目中无人的恶习。不当的家庭教育会给孩子带来极为不良的影响，最终导致他们做出"偏激"的行为，比如说早恋。（4）缺乏家人关心的学生也容易早恋。父母离异、再婚，父母一方甚至双方在外地工作及家庭不和等原因导致家长极少关心子女的成长，使他们产生孤独、失落的情绪，进而把精神情感寄托在家庭成员以外的人身上，比如"谈恋爱的对象"。（5）升学的压力有时也会引起早恋。比如作业负担过重，学习成绩下降，同学关系紧张，教师的教育方法简单、粗暴，学校生活枯燥无味等，都会使他们厌恶学校生活，抵触老师的教育，故而在彼此同情、安慰、理解中产生感情。

目前中学生的早恋现象已经由个别现象发展成为一种较普遍的社会问题。不容置疑的是，学生早恋会影响学生的身心健康，降低学生的学习成绩（不排除有积极影响，但很少），因此有必要进行正确的引导。目前，教师解决中学生早恋问题应注意以下几个方面：教师要研究并掌握中学生早恋的信号，及时发现，及时采取措施；要把一般的异性交往和早恋区分开来，不要轻易地把早恋与思想落后、品质恶劣划等号；不要压制打击，要循循善诱；要尊重青少年的感情，加强性教育，尤其是性德育和人生理想教育；绝大多数青少年是积极向上、通情达理的，良好的教育方法必然会取得不错的效果。同时，教师在教育早恋学生时应遵循为学生保守秘密的原则。

对于小兵和晓慧来说，不管是谁追求谁，恋爱已不再是他们两个人之间的秘密，家长和老师已经知道，这个事实必须让小兵知道。因为他已经是高二的学生了，有自己的主张，班主任不能将他蒙在鼓里。作为小兵的班主任，我最大的愿望就是让他们之间已有的关系向对他们彼此都有利的方向转化。

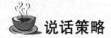 说话策略

1. 下下策

班主任认为小兵的错误行为，不仅使晓慧成绩大幅下滑，而且破坏了晓慧和她母亲之间的关系，于是埋怨地说道："小兵，今天晓慧的母亲到学校来找我，反映了你和她女儿的事情。晓慧的母亲说，由于你的纠缠，晓慧的成绩大幅下滑，所以人家心里有不少的怨气，希望你能好自为之。老师也想劝你几句，不管你和晓慧的感情如何，也不管你们两个是谁在追求谁，我只想让你知道，晓慧的成绩退步得很厉害，已经由班级的前十名下降到了倒数第十名了。晓慧的家境非常贫寒，她的父母都对她寄予了很大的期望，老师希望你不要害她，否则你于心何忍啊！"

采用这种说话策略，班主任实际上是在道德和良知的层面上批评小兵，给小兵施加道德上的压力。这样小兵或许会感到无地自容，或因而闷

闷不乐，甚至是萎靡不振。同时小兵也极有可能对班主任的话毫不理睬，甚至对班主任产生怨恨之情。

2. 中策

班主任认为这个问题能否解决关键在于小兵，打算用事实来说明利害关系，于是平静地说道："小兵，今天晓慧的母亲到学校来找我，反映了你和她女儿的事情。晓慧的母亲说，由于你的纠缠，晓慧的成绩大幅下滑，所以人家心里有不少的怨气，希望你能好自为之。还好，这一次她母亲只是把问题反映到我这里，如果她把问题反映到政教处，或者说大张旗鼓地捅出来的话，你想一想，你还怎么在学校立足？老师想奉劝你一句，你已经是高中生了，做事情时一定要三思而后行，否则不仅你自己要付出沉痛的代价，还会连累别人。以后不要再纠缠晓慧了！"

采用这种说话策略，班主任主要是用事情可能带来的严重后果来"吓唬"小兵，希望他能够及时悬崖勒马。如果小兵足够聪明的话，慢慢地会意识到问题的严重性，从而不再纠缠晓慧。但是，班主任的这种做法实际上还是变相的"堵"的方法，因为班主任的话并没有让小兵认清事情的本质。也就是说，小兵是被迫放弃追求晓慧的，而不是从心底里自愿放弃，这样会让小兵对成人以及成人的价值观产生严重的逆反心理，不利于他今后的成长。

3. 上上策

班主任认为解决问题的关键在于让小兵从思想上认识到该怎样做对彼此才都有利，于是给小兵提建议说："小兵，今天晓慧的母亲到学校来找我，反映了你和她女儿的事情。晓慧的母亲说，由于你的纠缠，晓慧的成绩大幅下滑，所以人家心里有不少的怨气，希望你能好自为之。按照她母亲的说法，一直以来，都是你在追求晓慧，所以她对你有些不满。关于这件事情，老师想给你提几个建议。首先，你们都是高二的学生，快要成年了。也就是说，你们对异性产生好感并把自己的想法付诸行动是一件很正常的事情，你也不要以为现在老师和家长都知道了，就觉得难为情。这没有什么不好意思的。其次，老师现在也不太清楚你们两个人之间的感情如何，老师也不打算问你。如果真像晓慧母亲说的那样，一直以来都是你在纠缠晓慧，而人家对你没有什么感觉，这说明你们根本就不合适。有一句话叫做'强扭的瓜不甜'，你就勇敢地放手吧。如果你们互相爱慕的话，既然真的喜欢对方，那就要为对方考虑。晓慧的成绩大幅下滑，你就要想一想为什么会这样。其实道理很简单，你们现在在读高中，面临着巨大的升学压力，根本就不适合谈恋爱。如果真的爱对方，你就先把爱埋藏在心底，等到可以谈恋爱的时候再去谈，这样就不会影响彼此的学业了。再次，今天晓慧的母亲只是把问题反映到我这里。如果事情没有解决的话，她可能还会反映到学校里，到那时事情就很难办了，等待你的只有退学。最后，虽然老师和家长都知道了这件事情，但如果事情能解决得很好的话，我们都会为你们保守这个秘密，这一点你尽可以放心。老师给你提的这四个建议，希望你认真考虑！"

采用这种说话策略，班主任是让小兵在充分认清事情本质的基础上，仔细权衡各方面的利害关系，同时尽量消除小兵的顾虑。相信这种说话策略能获得小兵的认可和接纳，从而有利于事情的顺利解决。

2. 男生处于恋爱边缘

种种现象表明，小杨的心思已经不在学习上了。这时一个奇怪的念头突然出现在我脑海中，难道小杨谈恋爱了？

情景再现

开学的第一个月里，小杨都能勤奋、认真地学习。然而在第一次月考后，小杨的学习状态发生了翻天覆地的变化。上课时总是昏昏沉沉的，要求他回答问题，总是驴唇不对马嘴，还经常上课时玩手机。种种现象表明，小杨的心思已经不在学习上了。这时一个奇怪的念头突然出现在我脑海中，难道小杨谈恋爱了？

这只是初步的猜测，我必须想办法核实。我把和小杨同寝室的卫生委员找来旁敲侧击地询问情况。可卫生委员也一无所知，只是说发现了小杨的异常，但并不知道小杨在和谁谈恋爱。看来，小杨的恋爱还只是处于萌芽阶段。如果此时能了解到具体的情况，应该更容易做小杨的思想工作。"踏破铁鞋无觅处，得来全不费工夫。"正当我一筹莫展的时候，机会终于送上门了。那天晚自习下课后，我返回教师公寓楼，途经操场的时候，我发现了一个熟悉的身影——正是小杨。当然，他的旁边还有一个女生。但一个稍稍在前，一个略微在后，并没有牵手等其他的动作。

情景分析

一直以来，小杨的成绩在班里都处于中上游，如果继续坚持的话，高考时可以稳稳当当地考上一所不错的大学。但是，通过这几天的观察，小杨因为谈恋爱成绩已经每况愈下，继续这样的话极有可能害人害己。作为班主任，我必须对他有效地引导，使其迷途知返。虽然对于这种事情，如果处理不当，就会起到相反的作用，但我还是要主动出击，我要对学生负责。

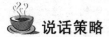 **说话策略**

1. 下下策

班主任开门见山，直奔主题："小杨啊，根据人生长发育的规律，在你的这个年龄，正是对异性特别关注的阶段。如果此时把握不好自己，极有可能一失足成千古恨，到时候连大学都考不上，比如我们学校去年毕业的×××。这都是前车之鉴，你要三思啊！"

采用这种说话策略，班主任表面上并未直接提到有关小杨谈恋爱的事情，但是实际上已经把小杨的隐私暴露无遗。而且听班主任的口气，显然是铁证如山，不容小杨辩解。此时，如果小杨恼羞成怒，岂不是功亏一篑！

2. 中策

为了充分地保护小杨的自尊，班主任对小杨谈恋爱的事情只字不提，态度温和地说道："小杨，通过最近一段时间我自己的观察以及其他科任老师的反映，我觉得你最近的学习状态不太好。不管是发生了什么事情，作为学生，都应该以学习为重，要不然上学读书还有什么意义呢？我们既然是学生，就要做好学生的本职工作，把其他事情先放在一边。"

采用这种说话策略，班主任的主要目的就是让小杨自己去"悟"——悟出学生的责任、悟出中学生恋爱的危害、悟出自己的人生追求。然而这种"悟"的本领，学生可能非常欠缺。也就是说，这种隐蔽的教育方式，极有可能没有任何实质性的意义。

3. 上上策

为了能让小杨迷途知返，班主任问道："小杨，你觉得自己最近的学习状态如何？"此时小杨不可能对自己的学习避而不谈，也不可能不涉及自己的思想状态。班主任此时正好发力："通过最近一段时间我自己的观察以及其他科任老师的反映，我觉得你最近的学习状态不太好。原因到底出在哪呢？你自己要好好总结一下。"稍微停顿一下之后，班主任微笑着说道："高中阶段是人生中最美好的时光，也是最容易出现问题的阶段。因为在这个阶段，人容易受到外界环境的影响。如果这个时候不调整好自己，将来可能后悔莫及。一直以来你的成绩都比较好，老师、父母对你也抱有很大的希望。但是，最近一段时间，你的成绩有所下降。你想一想，如果你考不上大学的话，即使你将来可以讨到老婆，你有能力让自己的老婆、孩子过上幸福的生活吗？再说了，一个男生，如果没有自己的事业，那么爱情的短暂甜蜜迟早会被平庸所代替。爱情不只是精神层面的，它更需要物质基础。老师也经历过你这个年龄。在你这个年龄的人容易胡思乱想，希望你能把握好自己，进而给爱你的人和你爱的人都创造一个美好的未来。"

　　采用这种说话策略，班主任是在向小杨说明人生、事业、爱情之间的关系以及高中生生理和心理的特殊性。相信小杨在和班主任谈话之后，会重新思考自己的人生，这样也就达到了引导的目的。

3. 学生埋怨父母不懂得关心

> 虽然心里是想通过提醒和警示让小忠变得更加优秀，但实际上把这种善意的提醒和警示变成了严厉的指责和无情的埋怨，所以最终导致了小忠对父母良苦用心的误解。

情景再现

在周三的体育课上，小忠在和同学们打篮球时把右脚崴了一下。这不，都过去四天了，他的右脚面还比左脚面"胖了"一层，而且看上去还紫里泛着红。他觉得还是很痛，想到医院重新包扎一下。他找到我要请假去医院。我觉得他自己行动不方便，但我今天的课又很多，所以建议他给他父母打个电话让他们陪着他去。我刚把话说完，小忠的脸就由晴转阴了。我当时并未想太多，把手机递给他让他打电话。接电话的是他妈妈。

"妈妈，我的脚还很痛，我想到医院重新包扎一下！"小忠直截了当地说道。

"当时医生不是都说过了吗？没有什么大碍，过几天就好了，你不要大惊小怪了！不要老是想着出去玩，你就不怕耽误学习吗？"小忠的妈妈没好气地说道。

"都已经过去几天了，还是很疼，我能有什么办法？难道是我故意让它疼？"小忠的脸上写满了愤怒。

"这几天你肯定没有老老实实地待着。医生告诉你好几遍，要你不要做太多剧烈的运动，你偏不听话，那你就自作自受吧！我很忙，没空！"小忠的妈妈语气也很强硬。

听到妈妈说出这样的话，小忠的脸由阴天变成了乌云密布。他气鼓鼓地就要把电话挂掉。我急忙把电话抢过来，耐心地向小忠的妈妈解释。小忠的妈妈说刚才有点怀疑小忠的话，怕他耽误学习，所以不想让他出学校。当听我说情况属实时，她立刻表示要来接小忠到医院复查。

听到小忠和他母亲这样的对话，我觉得他们母子之间已经有了不小的误解，这无疑会成为母子间真诚交流的拦路虎。看着满脸愁容的小忠，我劝道："你妈妈马上就会过来接你去医院。你以后要注意和你妈妈说话的口气，要好好地解释，不要吵吵闹闹的。其实你妈妈很关心你的。"

"我妈妈一点也不关心我！"小忠依然十分生气。办公室里还有其他两位老师，我怕在这种情况下谈话会让小忠觉得没有面子，所以就说："我们到大门口去等你妈妈吧！"

走在校园里，小忠和我说了很多他妈妈对他的"不好"。诸如责怪他天天吵着要名牌衣服而不想学习，埋怨他星期天回家也不知道帮家长做一些力所能及的家务，训斥他一点也不体谅父母的辛苦等等。总之一句话，小忠埋怨他的妈妈一点也不关心他。

情景分析

家庭环境是影响青少年成长的重要因素，包括家庭的物质环境和精神环境，其中家庭精神环境的重要性更加突出。情感沟通是家庭精神环境重要的组成部分。不良的情感沟通对子女人格的形成与发展都不利，在现实生活中主要表现为以下三种类型。第一，以指责、埋怨为主的沟通。这种沟通经常使家庭问题在相互指责和埋怨后不了了之，问题最终并未真正解决。家庭中没有解决的问题越多，家庭气氛越沉闷、紧张，甚至危机四伏。这是一种具有很强的破坏力的家庭沟通方式。被指责的孩子要么逆来顺受，要么逆反、攻击性强。自闭型的学生和动不动就要离家出走的学生大多出自于这样的家庭。第二，以迁就、讨好为主的沟通。这种沟通缺乏家庭成员之间真挚的爱，而且还会让孩子养成依赖、固执、软弱、任性等不良的人格特点。青少年在这种沟通模式中，会变得十分任性，只要父母迁就自己，自己却很少迁就父母。我行我素的学生大多出自于这样的家庭。第三，以父母的唠叨、啰唆为主的沟通。这种类型的沟通更多地发生在母亲身上。一般情况下，这样的父母不太关心孩子的真实感受，自己也被许多琐事纠缠，给孩子最大的感受就是唠叨、烦人。父母和孩子沟通时表面上看双方都在说话，而且可能持续很长的时间，但其实根本没有交流任何信息，反而会造成孩子逆反和抵触的心理。脾气暴躁、缺乏耐心的学生大多是出自于这样的家庭。

通过以上的叙述不难看出，小忠家庭中的情感沟通主要是以指责、埋怨为主的沟通。这种不良的沟通会造成子女和父母彼此间的不信任，不能体谅对方。据我对小忠的了解，他不仅尊敬老师，而且善于和同学交往。虽然平时有点懒惰，但在为人处事方面并没有太大的问题，他的"小毛病"是他的同龄人基本上都具有的。但是，小忠的妈妈出于望子成龙的心理，把小忠的小毛病都给放大了。虽然心里是想通过提醒和警示让小忠变得更加优秀，但实际上把这种善意的提醒和警示变成了严厉的指责和无情的埋怨，所以最终导致了小忠对父母良苦用心的误解。这里，有小忠妈妈的责任，也有小忠的过错。

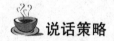 **说话策略**

1. 下下策

班主任认为小忠作为晚辈，不能体谅父母的辛苦，应该负主要责任。于是严厉地批评道："刚才，你和你妈妈的对话，我全都听见了。我想给你提两个建议。第一，刚才你说你的脚还没有完全恢复，而你妈妈却不相信。当时我就在想，这么大的事情，你妈妈为什么不相信你呢。我想这里应该有你的原因，你以前是不是经常欺骗你妈妈，最终把自己变成了'喊狼来了的小男孩'了？第二，在父母面前，你是晚辈。作为晚辈，我们可以提出自己不同的看法，但是要以尊重长辈为前提。你想一想你刚才的表现，你妈妈刚刚对你的话提出质疑，你就气鼓鼓地要挂掉电话，这样根本就不能解决问题，只会让事情更加棘手。我给你提的这两个建议，希望你能好好地考虑考虑。"

采用这种说话策略，班主任是以十分严肃的口吻训斥学生，无疑会引起小忠的反感和排斥。因为小忠的家长已经不能很好地理解他了，如果班主任再不能理解他的话，只能增加他对班主任及家长的厌烦和抵触情绪。通常情况下，我们要规劝别人或给别人提建议，首先要做的就是站在对方的角度上考虑问题，以争取对方在心理上的共鸣，这是别人接受和采纳建议的心理基础。

2. 中策

班主任认为这种家长与子女间存在隔阂的现象是十分常见的，当前最重要的是让小忠在思想上认清这件事，于是解释道："你是家里的独生子，父母几乎把所有的希望都寄托在你的身上。所以当他们感觉你在成长中存在某些问题时，他们都趋向于以十分严厉的方式给你指出来，希望你能够重视并改正。父母不管是批评你，还是打你，目的只有一个，那就是想让你进步。当然，现在我们生活在发展迅速和物质丰富的时代。你们都想追求前卫、张扬个性，常会觉得父母的建议过于迂腐、死板、老套，所以往往对他们的建议不理不睬，这样就会加深你们之间的误解。事实上，这是一种很正常的现象，你不必太在意。也不要动不动就把它上升到'父母一点也不关心你'的高度，你以后注意改善和母亲的关系。"

采用这种说话策略，班主任是想从思想上让小忠认清问题的本质，从而缓解小忠的心理负担并改变小忠对父母的"敌视"态度。但是，班主任并未教给小忠与父母沟通的技巧和方法，没有从根本上解决问题。

3. 上上策

班主任觉得小忠已经是高中生了，遇到问题时应主动地去解决，于是微笑着说道："小忠，根据平时老师对你的了解，你不仅尊敬老师，而且善于和同学交往。虽然平时有点懒惰，但在为人处事方面并没有太大的问题。也就是说，你是一名合格的高中生，不仅有知识，而且有思想。那么你在思考问题时就应该要求自己站在更高的角度去思考。比如说父母对我们提高要求，如果按照很多青少年的想法，那可能说明父母对子女太苛刻、太冷漠。但是如果换个角度思考，可能就会有海阔天空的感觉。父母对我们提高要求，那是不希望我们平平庸庸，那是对我们的信任和期望，这说明我们在父母心目中的地位很高。再比如，刚才你和你妈妈的对话，如果你只想着父母不相信自己的话，那么你可能就会觉得你的脚都伤成这样了，她还只想着让你学习，这显然说明她一点也不关心你。但如果换个角度思考，你说你的脚伤还没好，你妈妈当即表示怀疑，这可能因为她以为你这几天如果已经按照医生的嘱咐，按时吃药和避免做剧烈运动了，按理应该完全康复了，所以才会有些怀疑。实际上在我向你妈妈说明情况属实后，她立刻表示要来接你去医院复查。这难道不是关心你吗？世界上没有不爱子女的父母，也不应该有总想着和父母闹别扭的子女。如果彼此之间出现了误解，双方都有一定的责任，这个时候就需要有知识、有文化、有思想的人站出来，主动去解决问题，去修补创伤。比如，你下次回家，你就可以跟你妈妈说，'我现在已经是大人了，我以后要做你的好儿子。你说的对的方面，我会照单全收；如果你说的和我想的有出入，那么我会心平气和地和你解释。同时也请你信任我，给我表达自己想法的机会'。你想一想，如果你能和父母这样沟通的话，你觉得你和你妈妈之间还会存在误解吗？你不妨试一试这种方法。"

采用这种说话策略，班主任是想通过对当事学生的开导，让其掌握和父母沟通的理念、技巧和方法，从而从根本上解决"母子之间常闹别扭"的问题。班主任的言辞之间充满了关爱和智慧，相信可以有效地帮助小忠缓解自己对父母的怨恨之情。

4. 号召学生奉献爱心

培养有爱心的学生永远都是素质教育应该追求的目标，如何让学生发自内心地奉献爱心是班主任在号召学生时重点要做的工作。

情景再现

在昨天晚上的全校班主任工作会议上，校长及政教处的有关领导都着重强调了关于号召学生奉献爱心的工作。举行奉献爱心活动是由市教育协会发起的，每年举行一次，已经形成了惯例，所捐的钱和物最终要流到各学校的贫困生手里。但是根据前几年的经验，我校大部分学生对每年一次的奉献爱心活动并不怎么"感冒"。由于一直在学校工作，我对大部分学生对此并不"感冒"的原因也有所了解。首先是由于学生觉得奉献爱心的活动举行得过于频繁，每年有两次，市教育协会发起的一次，校级的一次。2008 年因为四川汶川"5·12"特大地震的发生，学校还举行了三次奉献爱心活动。由于次数比较多，学生大多对此感到"麻木"，因此积极性有所降低。其次是学生对奉献爱心的活动缺乏正确的认识。学生普遍认为奉献爱心活动就是捐款、捐物，如果觉得自己的经济条件不是很好，也就不去"露脸"了。因为要是捐得太少，还极有可能被别的同学笑话，那还不如不捐呢。很多学生将奉献爱心的活动看作是一种"攀比"或"留名"的活动。最后，部分班主任的工作方法欠妥，把奉献爱心活动做成了"摊派"性的活动，硬性规定每一个学生都必须捐出多少钱或物。这样在无形中激起了学生的逆反心理，以致他们很不情愿奉献爱心。

情景分析

　　现在的学生很大一部分是独生子女，从小在父母、爷爷奶奶、姥姥姥爷的娇惯下长大。很多学生只知道接受别人的关心，很少甚至根本不懂得去关心别人。正如一位教育家所说："只知索取，不知付出；只知爱己，不知爱人，是当前独生子女的通病。"独生子女之所以如此缺乏爱心有着多方面的原因，一是由于他们从小养成的"衣来伸手，饭来张口"的不良习惯，二是由于学校教育过分强调智育而忽略德育。在这种教育背景下成长的孩子，容易形成自私、冷漠的性格，对学习和生活没有热情，不珍惜生命，不同情怜悯弱势群体。一系列惨痛的教训告诉我们，要想让孩子成人成才，就必须注重培养他们的爱心，在青少年的心灵中播撒善良的种子，让他们具有爱己爱人之心。

　　冰心老人曾经说过："对孩子进行爱的教育不能是抽象的。孩子们爱祖国、爱人民总是从身边感受到……"因此，在设计培养学生爱心的活动中，学校要用鲜活的材料来教育和激励学生做一个有爱心、有社会责任感的青年。首先，要让学生真真切切地感受到这个世界处处充满了爱心，而且有很多人都沐浴在别人的关爱之中。比如饭店老板给乞丐一个馒头，敬老院给孤寡老人添置新衣，学校为突遇灾祸的学生捐款、捐物。其次，要让学生明确爱心并不是那么抽象以及难以做到的。比如公交车上给老人让座是爱心，扶起摔倒的同学是爱心，为贫困学生捐款也是爱心等等。再次，要努力创设情境激发学生的爱心，用真实的材料去震撼学生的心灵，使学生的爱心在心头涌动，从而在学生的心灵深处树起一座高高的"爱"的丰碑。比如将贫困学生（不是身边的人，注意保护贫困生的自尊）的艰苦的生活环境制成幻灯片向学生展示。最后，要让学生自觉地将爱心付诸行动，并在奉献爱心的过程中得到幸福感、满足感。比如到敬老院慰问孤寡老人，到社区宣传毒品的危害，为灾区捐款、捐物等。

　　培养有爱心的学生永远都是素质教育应该追求的目标，如何让学生发自内心地奉献爱心是班主任在号召学生时重点要做的工作。作为班主任，我当然希望自己的每一个学生都能有无限的爱心。但是，由于我是在高二时接手的这个班级，学生之前已经经历过好几次奉献爱心的活动，这些活动给他们留下了怎样的印象，或者说给他们带来了哪些新的认识和体会，会不会有些学生已经修炼成了"老油条"，已经对这类活动"麻木"，班主任怎样才能说动他们，这些问题都是我要考虑怕。

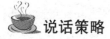 **说话策略**

1. 下下策

班主任一心想让每一个学生都用实际行动表现出自己的爱心，于是严肃地说道："市教育协会给我们提供了一个奉献爱心的机会，那么就请大家用自己的实际行动来表现出自己的爱心吧。事实上，一个人是否有爱心，直接反映了其素质的高低。如果一个人连爱心都没有，还谈什么素质呢？对于此次的奉献爱心活动，经过班委会研究决定，直接和期末的评优、评先挂钩，没有爱心的学生也就没有资格评先进或者评优秀。希望大家都做有爱心的人。"

采用这种说话策略，班主任不仅把奉献爱心和学生的素质高低联系在一起，还让奉献爱心和评优、评先直接挂钩。这种做法或多或少都有偏激的地方，甚至会使学生产生错误的想法——奉献爱心了就有资格评优、评先，就会有好处，这显然又"培养"了学生的功利心。班主任的这种做法会引起学生的反感。

2. 中策

班主任担心引起学生的逆反心理，觉得没有必要去逼着学生奉献爱心，因此避重就轻地说道："这次奉献爱心活动是由市教育协会组织的，一年一次，募集到的钱和物最终会流到各学校的贫困生手里，也就是大家把爱心献给了自己身边比较困难和需要帮助的同学。希望大家能够积极主动地奉献自己的爱心，帮助困难的同学完成学业，这样我们也是做了一件对社会有意义的事情。此次奉献爱心活动，大家完全自愿，学校不会勉强任何一位同学。请大家根据自己的情况，尽自己的力量去帮助他人。"

采用这种说话策略，班主任虽然没有逼着学生奉献爱心，也不会引起学生的逆反心理，但从整体来看内容比较笼统。学生虽然经历过很多次奉献爱心的活动，但还是存在很多认识上的误区。班主任未能给予有效的引导，会让学生觉得班主任对奉献爱心活动也漠不关心、敷衍了事。

3. 上上策

班主任想让学生在内心深处认清奉献爱心活动的实质，把培养学生的爱心作为谈话的重中之重，于是说道："学校是学生学习的地方，也应是每一位学生成长的乐园。但是在我们的身边，有很多并不快乐的学生，因为他们在为自己的学杂费、一日三餐发愁。为此，市教育协会组织了每年一度的奉献爱心活动，以帮助那些渴望求学但又无力求学的同学。我们的身边就有这样的同学。前不久，我们学校高三的一名女学生就晕倒在课堂上。经医生检查，被确诊为严重营养不良导致的身体虚弱。后来学校向其家长了解才得知，这个女学生两周的生活费仅为一百元，平均一天的总开支为7元钱，包括一日三餐和学习用品。这个女生早饭花一块五——一碗稀饭和一根油条，中饭花三块钱——一碗米饭和一份青菜或豆腐，晚饭花一块五——一小碗豆浆和一个饭团。大家想一想，这样的饮食最多只能解决温饱问题，根本谈不上营养。再加上高三学生的学习压力比较大，所以才会出现晕倒的现象。这样的同学需要我们的爱心和支持，否则他们将面临退学或疾病的困扰。为了使他们的生活条件得以改善，需要有能力的人奉献爱心，正如一句歌词所说'只要人人都献出一份爱，世界将变成美好的人间'。"

班主任稍微停顿了一下后继续说道："2008年5月12日，四川汶川发生了带有毁灭性的大地震。灾难发生后，举国上下都积极地进行献爱心活动，希望灾区同胞能够尽快地站起来重建家园。在这次全民的献爱心活动中，涌现出很多可歌可泣的伟大人物，其中之一就是一位乞丐老人。他成为不少南京人心目中'最可爱的人'。5月17日，一个老人出现在江宁区一个汶川地震募捐点，他头发花白，身上穿一件打着补丁的蓝色衣服，脚上穿着一双破烂的凉鞋，手中还拿着一个讨饭碗。老人掏出了105元钱。两天后，老人又出现在了区民政局慈善总会募捐点。还是同样的穿着，老人又掏出了一堆皱巴巴的钱币，这是他几天来的全部收入。同学们可以想一下，这样一个靠乞讨为生的人竟然慷慨地捐出了自己的全部收入。虽然只有区区的300元钱，但足以说明这个老人有着无限的爱心，他在接受社会爱心的同时，还不忘在关键时刻回报社会。有的同学可能说我并没有接受过社会的爱心，我也不需要奉献爱心。这种想法是大错特错的，你想一想我们从上小学起就坐在这宽敞明亮的教室里读书学习，那也是接受普通纳税人的爱心的表现。事实上我们每一个人都在接受着社会的爱心，所以我们也要用爱心回报社会。"

班主任说完，可以稍微给学生留下一点思考的时间，然后继续说道："此次奉献爱心活动，全凭大家自愿，这也是奉献爱心的关键所在，只有自愿的、主动的，才是最可贵的；相反，违背自己意愿被迫奉献爱心，并不是我们所愿意看到的。另外，爱心没有多少、贵贱、优劣之分，所有人的爱心都是无法用金钱来衡量的。老师只是希望大家尽自己最大的力量去帮助需要帮助的人，大家尽力就好。"

采用这种说话策略，班主任的话虽然显得有点唠叨，但会起到很好的教育作用，这是一种平实但很有必要的沟通和引导。相信这样全面的解释，不仅会纠正部分学生的错误想法，更能培养学生的奉献爱心的品质。采用这样的说话策略，班主任无疑把这次活动转变成为一次思想品质的教育活动，进而让学生更加有爱心。

5. 学生因嫉妒而诬陷他人

由于涉世未深，处理问题的能力较差，他们有时非但不肯定别人的优点和成绩，反而还会产生嫉妒心理。

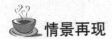 **情景再现**

第二次月考的成绩昨天晚上出来了，我把期中考试的成绩单也拿了出来，连夜对全班学生的成绩做统计分析。我发现小兰的成绩退步很大，由原来的第五名一下子滑到了这次的第十九名，这是怎么回事？小兰属于那种勤学好问的学生，成绩一直以来都比较稳定，这一次怎么会退步这么多呢？看来，这段时间她可能在思想上出现了问题，而我一直没有发现。于是第二天早读的时候，我就把她喊到了办公室，以便查明原因对症下药。

"小兰，老师感觉你一直以来学习都很勤奋、踏实，但是这一次你考得不是很理想。老师有点奇怪，是不是考试的时候太紧张了？"

"报考时我虽然选报的是本科，但是感觉自己离考上本科还有一定的距离。期中考试分析会时，老师重点介绍了物理、化学、生物等学科的学习方法。这一个月以来，我都在尝试着用你教给我们的学习方法，希望在以后的学习中能有所突破。这一个月以来，我的确感觉物理、化学和生物的学习更轻松，也更有效率了，就希望在第二次月考中考出理想的成绩。谁知考试的那几天晚上我都没睡好，考试的时候发挥得很糟糕。老师，我还有没有希望考上本科呀？"

"看来你的压力不小，你需要减压。我看你们寝室的小菊做得就比较好。你看她在教室时很勤奋、踏实地学习，休息的时候就打打羽毛球，整天笑呵呵的。期中考试时她被评为'进步之星'，这一次考试也可以获得优秀奖。我感觉她的心态就调整得比较好，你们在同一个寝室，你可以好好地和她交流交流。"

"老师，你这么相信小菊啊！她有这么好吗？其实有些情况你并不了解！"小兰听完我的话，用惊奇的目光看着我，然后意味深长地说道。

"那你倒说说哪些情况我不了解。"我鼓励她说出实情。

"老师，你相信她的成绩有那么好？"小兰反问道。

小兰的意思我明白，她怀疑小菊的成绩有水分。其实，关于小菊的问题，在期中考试成绩刚出来的时候，就有同学表示过怀疑，认为她整天疯疯癫癫的怎么可能取得那么好的成绩。根据我对小菊的了解，我并不相信这种说法。在平时上课的时候我就特别留意了小菊的听课情况，发现她的学习效果还不错，其他科任老师也有同感。为了进一步证实，这次月考时，我请监考老师特别留意小菊，他们反馈的信息都是"小菊考试时很规矩、很认真，并无异常的举动"。由此可见，小兰说出这样的一番话，是她的嫉妒心理使然。因为她们住在同一个寝室，共同生活在一个小圈子里。

 情景分析

嫉妒是自我与他人比较后，发现自己在才能、名誉、地位或境遇等方面不如原来站在同一起跑线上的个体而产生的一种由羞愧、愤怒、怨恨等组成的复杂的情绪状态。所嫉妒的对象往往与自己处在同一个层次上，或是同一年级、同一班级、同一寝室，或是年龄、学识、长相、智力、身材等先天条件都差不多，接受同样的教育，有着共同的奋斗目标。因为别人在同一活动中占据了优势，自己处于劣势，便会产生嫉妒的心理。中学生作为未成年人，面对紧张的学习和升学压力，嫉妒心理往往表现得更加突出。中学生容易产生嫉妒心理，主要是因为他们正处在"心理断乳期"。由于涉世未深，处理问题的能力较差，他们有时非但不肯定别人的优点和成绩，反而还会产生嫉妒心理。有些学生还会瞄准机会对他人进行诬陷，希望别人的形象受损，进而达到打压他人、安慰自己的目的。

据此可以看出，小兰的嫉妒心理是一种正常的心理现象。但是，如果这种心理状态不及时调整，是会害人害己的。因为嫉妒心理会使人产生诸如愤怒、悲伤、抑郁等消极情绪，导致烦恼丛生，并带来精神上的折磨，这不利于身心健康。严重者甚至在妒火中烧时丧失理智，致使个人忙于诽

谤、攻击、造谣中伤他人，而不能安排足够的时间来提高自己，渐渐地会因此而陷入一种恶性循环中不能自拔。小兰的心情可以理解，但是，小兰的错误必须得到及时的更正。

 **说话策略**

1. 下下策

班主任对小兰的行为感到鄙视和愤怒，打算当场指出小兰错误的想法，于是决定用事实说话："小兰，对于你的说法，我以前就听说过。不过你要相信，这绝对是诬陷，老师可以保证小菊的这次考试成绩是真实的，因为老师已经做过调查了。这次考试时，我请监考老师特别留意小菊，她们都说小菊在考试期间一直是规规矩矩的。如果要是像你所想的那样，她怎么可能一点马脚都没露出来？再说，平日上课时，你可能比我还清楚小菊的表现。她很积极地回答问题，而且正确率很高，这说明她真的学会了，她的成绩也是真的提高了。"

采用这种说话策略，班主任当场揭穿了小兰的嫉妒心理。这对一个自尊心极强的女生来说，极有可能让她羞愧难当，进而做出一些让人意想不到的事情，这是班主任所不愿看到的。

2. 中策

班主任认为小兰的行为可以理解，但是要劝解她以后要注意自己的言行，于是说道："小兰呀，有一句话叫'没有调查，就没有发言权'。我们没有真凭实据，就不能乱下结论。你可以在心里有这种想法，但是不能把自己的想法随便地就说出来。因为一旦你把这些想法说出来，就说明你已经认定了你的想法就是事实。还好今天你是对我说的，要不然真的会害人害己。"

采用这种说话策略，班主任是在警告和提醒小兰不能再做类似的事情，也委婉地表示了对小兰说法的否定。相信小兰可以认识到自己的言行欠妥进而改正错误。

3. 上上策

班主任认为必须要让小兰清晰地认识到自己的错误，但又要避免伤害小兰的自尊心，于是微笑着说道："小兰，你能这样和老师坦诚相对，老师感到很欣慰。那么我也要礼尚往来，对你实话实说。关于小菊考试作弊的谣言，老师不知道你是从哪里听说的。以前也有人这么说过，我还半信半疑。于是在本次月考中，我请几个监考老师密切注意小菊的举动，看她到底有没有抄袭。结果几个老师全都说小菊在考试时规规矩矩的，再加上我平时对小菊的课堂观察，我现在敢断定小菊是一个值得别人信任和帮助的人。以后你再听到谁对小菊表示怀疑，一定要当场否定他。你们生活在同一个寝室，更应该互相信任、互相帮助。如果你们在彼此见面时都吹胡子瞪眼的，不仅不利于你们的人际交往，也不利于你们心理的健康发展。另外，在小菊取得好成绩之后，老师表扬她、宣传她，因为这是她努力学习的结果，是值得别人敬佩的，我们应该为她高兴。同时我们还要把对小菊的羡慕转化为一种超过她的动力，而不是嫉妒她、诬陷她。以后你再听到谁这么说她，你就把我今天说的话转告给他。"

采用这种说话策略，班主任做了一个假设，即把小兰本人对小菊的嫉妒和诬陷变为小兰从别人那里听到的谣言。有这样一个前提，小兰就不会明显感觉到班主任是在批评和挖苦自己，也就不会有太大的压力了。通过这样的假设，班主任不仅说出了嫉妒和诬陷别人的危害，而且让小兰明确了应该以何种心态面对他人的成功。这种"治病救人"的理念应该是班主任在和问题学生谈话时必须要牢记的。

6. 学生祈求自己向家长说好话

晶晶的一片孝心真是难能可贵啊！但是学生的家长十分辛苦地从千里之外的地方赶到学校来参加家长会，作为班主任，我如果真的以"善意的谎言"来敷衍他们，我多少还是会觉得难为情。

情景再现

晶晶是我们班的化学课代表，性格活泼、开朗，而且善于交际，是一位名副其实的阳光女孩。但她学习不够专心，成绩平平。我为此不止一次找她谈话，并多次暗示过她要静下心来好好学习。但她总是不由自主地想一些很奇怪的事情，或者参加一些好玩的活动。期中考试结束后，学校要举行家长会。晶晶的父母在千里之外的地方工作，但听说学校要开家长会，她的母亲还是毫不犹豫地要回来参加。这一下可急坏了晶晶，她担心我会实话实说。于是跑过来找我，请求我无论如何要帮她说几句好话。我问她为什么要这样，她说要让父母在外面安心地工作。我观察了一下晶晶的眼神，确定晶晶并没有说谎。

情景分析

晶晶虽然学习不够专心，但是在品德、劳动、体育等其他方面都很出色。她不仅和同学关系融洽，而且深得各科老师的喜爱。我这个班主任对这位女生也是爱护有加。为了能让父母在外面更安心地工作，晶晶鼓足了勇气向我提出"过分的要求"。晶晶的一片孝心真是难能可贵啊！但是学生的家长十分辛苦地从千里之外的地方赶到学校来参加家长会，作为班主任，我如果真的以"善意的谎言"来敷衍他们，我多少还是会觉得难为情。毕竟了解子女在学校的真实表现是父母的权利。一面是孝心可嘉的学生，一面是心系子女的父母，作为班主任，我有必要做出明智的选择。

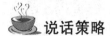 **说话策略**

1. 下下策

班主任虽然被晶晶诚挚的孝心所感动，但是一想到晶晶平时在学习上"屡教不改"，心情不免激动起来，于是说道："我很早就告诫过你要静下心来好好学习，但是你就是把我的话当作耳边风。现在知道努力学习的重要性了吧，它起码可以让含辛茹苦的父母得到心灵的慰藉。我是一名教师，向学生父母说真话是我的义务，你难道想让我说假话骗你的父母吗？你的父母不需要假话，他们需要的是你的实际行动。"

采用这种说话策略，班主任显然是把这难得的教育机会变成了发泄自己不满的出口。事实上，这时候晶晶在心底已经明白了平日里班主任所说的那些道理，否则她也不会做出这样的举动。如果采用这种说话策略，不仅会深深地伤害晶晶的心，还会把师生之间已有的信任破坏掉，以后晶晶还会找班主任谈心吗？晶晶很容易把对班主任的信任和依靠转变为排斥和怨恨。果真这样的话，这就对和谐师生关系的构建极为不利。

2. 中策

班主任被晶晶的一片孝心深深打动，打算为此向其父母说出"善意的谎言"，但同时也想对晶晶提出完善自我的要求，于是微笑着说道："晶晶，你是一个孝心可嘉的好女孩。为了能让你的父母在外地安心地工作，同时给你一个改正错误的机会，老师就帮你这一次，答应你的请求。但是，你也要答应老师一个要求，那就是以后要做到安心、努力地学习。如果你还是像现在这样，到时候就不要埋怨老师向你的父母'告状'了。如果你能答应老师这个要求，老师就会按照你的请求去做。"

采用这种说话策略，可以达到两个目的。一是答应了晶晶的请求，她会十分感激班主任的善解人意，从而使师生之间的关系更加和谐、融洽。二是抓住了改变晶晶的教育契机，在答应晶晶的请求时，也向晶晶提出了明确的要求，并以强硬的口吻提醒晶晶必须做到。相信这样的要求会给晶晶带来不小的约束力和动力。但是，仔细思考一下这种说话策略，就会感到这其实是一种冒险。万一晶晶在以后的岁月中并没有很好地达到班主任的要求，难道班主任真的要向其父母"告状"吗？也就是说，这种说话策略所带来的约束力和动力，对于晶晶来说，均是外在的，并非来自于其内心的真实需求。通俗地讲，班主任是在"迫使"晶晶成长和完善自我，而并非引导她主动成长。那么，这样的约束力和动力也就是短暂的和低效的。

3. 上上策

班主任一心想让晶晶在思想上认清这件事，于是循循善诱道："晶晶，你现在很担心父母知道你的真实情况，那么你明白你父母到底希望你现在是什么样子吗？"这时候晶晶会说出一个好学生的形象来，诸如专心学习、成绩优异、认真听讲等等。班主任在听完后可以进一步地引导道："你所说的这些方面，我看你已经差不多都做到了，只不过做得还不够好。你不想让父母失望，所以你对自己提出了很高的要求，我相信你心里也想让自己变成你父母所希望的样子。其实，老师替你说好话是件很容易的事情，但是如果你抱着蒙混过关的态度来看待这件事的话，那我劝你还是不要让我替你说好话了。因为纸是包不住火的，我把你说得特别好，但是你到时候又没有那么好，你想一想，当有一天你父母知道了这一切都是谎言的时候，他们会有多么失望啊！与其让他们承受突然降临的失望，还不如让他们一点一点地了解你的不足，这样他们的心里还会更好受一点。我的意思很明白，如果你真的有孝心的话，你就慢慢地改正自己的缺点。老师相信你肯定能做得到。"

采用这种说话策略，班主任不仅对晶晶的孝心加以引导，而且处处都在为晶晶及其家长考虑，体现了一个班主任的爱心和智慧。班主任的话会让晶晶认识到真正能够帮助她的人只有她自己，班主任的"善意的谎言"只能是暂时的。

7. 学生主动为班级争光

> 其他班的学生并不乐意参加竞赛，而我班学生却争先恐后地要参赛为班级争光，这让我欣喜若狂，心里像被灌了蜜似的。

情景再现

学校要举行高中男子篮球比赛，其他的班级在宣布此事之后，学生大都积极性不高，似乎都不愿意参加。但我在班里宣布之后，根本不需要我做思想工作，十个名额很快就报满了。报名晚了的同学还心存遗憾，找到我要求采取"竞聘报名参赛"的方法在愿意参赛的学生中进行"选拔"。他们嚷嚷着要凭实力报名参赛，要不然仅凭报名的先后顺序极有可能会给班级抹黑。学校对在比赛中获胜的队伍没有任何物质奖励，只有一个精神方面的奖励，还要以班级的名义进行颁发。但这丝毫没有影响我班学生的积极性。

情景分析

学校组织各类比赛活动的目的有三个，第一是通过让部分学生代表班级参赛并为班级争光来强化全体学生的集体意识；第二是通过各类比赛活动来锻炼学生的能力；第三是通过丰富学生的课余生活来引导学生轻松、快乐地学习。然而，这种美好的愿望有时很难实现，因为学生压根儿就不想参加各类比赛活动。

经验表明，学生的年龄越大，越不愿意参加竞赛活动，这里，学生个人的主观因素起着重要的作用。首先，部分学生的责任意识不强，认为这种竞赛活动事不关己，于是便能躲就躲，不想耽误自己的自由活动。其次，部分学生习惯于衡量付出与收获之间的关系，认为有些竞赛活动根本不值得去参加。比如五千米长跑比赛，很多学生都因为怕累且又没有太多物质奖励而拒绝参加。再次，部分学生担心因参加竞赛活动而耽误自己的学习或课余活动。比如临近期末考试时，很多想考出好成绩的学生都拒绝参加比赛活动。最后，部分学生觉得竞赛活动枯燥乏味，而且又担心自己在比赛中失利而没面子，因此决定不参加。

当然，也有一部分学生喜欢参加各类比赛。据调查发现，他们之所以乐意参加比赛，是因为他们觉得好玩或者想要表现自己。这类学生参加比赛仅仅是因为个人的好恶，和为班级争光并没有关系。

由此可见，培养学生为集体争光的意识刻不容缓，因为这种意识对个体的发展有着重要的意义。记得有这么一则新闻。有一个英国留学生刚结束他的学业，准备去某外资企业应聘。应聘人员是由专车接送的，正当车要出发时，上来一位年纪比较大的老人，而此时车上已经没有空座位了。因为路程较远没有一位应聘者愿意为老人让座。正当老人准备下车时，该留学生起身为老人让座，靠着栏杆站了整整 30 分钟才到达目的地。三天后，这个留学生被聘任到该公司做部门经理。他感到很困惑，与其他应聘者相比，他的学历并不是很高，也没有工作经验，为什么会录取他呢。直到第二天上班的时候他才明白，原来那位老人就是那家外资公司的总裁。老人告诉他："聘任你是因为你具有其他应聘者所没有的品质。""这是我应该做的，这是我们中华民族的传统美德。"年轻人这样说道。总裁对他说："这同样是你们中华民族的骄傲！"

其他班的学生并不乐意参加竞赛，而我班学生却争先恐后地要参赛为班级争光，这让我欣喜若狂，心里像被灌了蜜似的。不仅是因为学生对篮球赛的火热劲头，更是因为学生潜意识里对班集体的无限热爱。他们不仅乐于参赛，而且还从班级荣誉的角度出发，积极主动地献言献策，力争组成班级最强阵容。这份心意真的是难能可贵。既然学生们有兴趣参赛，并决心为班级争光，那么我一定要为他们做好动员工作。

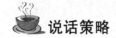 **说话策略**

1. 下下策

班主任特别重视比赛的结果，于是严肃地告诫道："大家能够积极主动地参赛，对此我感到非常高兴。你们是代表我们整个班级参赛，你们在篮球场上的表现，直接影响着我们班级的形象。所以，你们一定要在赛场上竭尽全力，争取把第一拿回来！"

采用这种说话策略，班主任虽然说的都是实话，但听起来仿佛是在"命令"、"强制"学生必须得奖。这不但会凭空给参赛学生增添很多压力，而且还漠视了学生参赛的满腔热情，可能会让部分学生有"后悔"的感觉。这样不利于班级后续活动的组织开展。

2. 中策

班主任被学生们对集体的热爱深深打动，于是高兴地说道："相对于其他班级的学生来说，我们班的男生是最积极主动的。从中可以看出大家对我们班级的热爱，在这里我首先要感谢大家。对于此次篮球比赛，我的看法是重在参与，成绩的好坏并不重要。大家只要能在赛场上玩得开心就行了！"

采用这种说话策略，班主任可以让学生充分地感受到自己被参赛学生的行为所感动，很好地回应了参赛学生的满腔热情，对维持学生的参赛积极性大有裨益。但是，这种表达方式并没有理性地引导学生，反而有可能让参赛学生处于一种放任自流的状态。

3. 上上策

班主任既要维持学生参赛的积极性，又要对学生加以理性的引导，于是轻松地说道："通过大家的表现可以看出，我们班不仅是一个篮球大班，还是一个集体意识非常浓厚的大家庭。大家都愿意为这个大家庭的荣誉而战，热爱这个集体，对此我从心底里感到高兴。我要感谢大家对班级工作的支持。'为班级争光'这五个字听起来似乎离我们很遥远，好像只有那些优等生、特长生才能为班级争光。其实不然，也许你只需要动一动手指、弯一弯腰就能为班级争光。另外，我想说的是，这类比赛活动重在参与，比赛结果倒在其次。不过既然参加了，我们就要尽力打好比赛，让别人看到我们不仅热情高，而且有实力，这样才能为班级争得荣誉。我希望大家在比赛中做到轻松但不放松，注重比赛的过程。"

采用这种说话策略，班主任鲜明地呈现了自己对参赛学生的态度。班主任不仅对学生的积极参与表示感谢，而且有意识地培养参赛学生"有一必争、有旗必夺"的拼搏意识。这就抓住了教育学生的良好契机。

第四辑
Banzhuren Ruhe Shuohua

当师生发生冲突时，
班主任如何说话

1. 学生以怨报德

他的眼神里充满了不屑和怀疑。我的声音很大，但他的声音比我的更具震撼力，周围很多学生的目光都随着他的声音转向了我。

☕ 情景再现

晨跑刚结束，小鹏一边喘着粗气，一边脱下了外套。他额头上还冒着汗，胸前被汗浸湿的 T 恤也被不安分的晨风吹拂着。已是初秋时节，天气已经转凉，稍不留心可能就会着凉。看到这种情景，我急忙大声地对小鹏喊道："快把衣服穿上，别被冻感冒了！"

"我才不会被冻着呢！你看，太阳正照着我呢！"

小鹏快速地瞟了我一眼，慢吞吞地叫道。他手里的外套抖动得更加快，他的眼神里充满了不屑和怀疑。我的声音很大，但他的声音比我的更具震撼力，周围很多学生的目光都随着他的声音转向了我。那一刻，我感到无比的愤怒和震惊。我对他的关切，被无情地扔进了寒冷的冰窖，一种莫名的冲动让我想冲过去和他理论一番。

这个平时爱捣蛋的家伙，迟到、上课睡觉、上课讲话、不交作业等违纪行为几乎是他的家常便饭。几乎所有的科任老师都把他当作"朽木"，对他睁一只眼闭一只眼。我作为班主任，本着不让任何一个学生掉队的原则，处处提醒他、宽容他、关心他。真没想到，他今天会说出这样的话来。我虽然是他的班主任，但我的度量再大也无法容忍他这样的言语。

对于小鹏来说，他肯定不至于连好话和坏话都不分，但他当时为什么会说出那样的话呢？到底是真的不怕冷，还是觉得班主任的话太假，想故意给班主任一点颜色瞧瞧？这让我百思不得其解。不过，从他的表情和声音来看，他当时是"豁出去"了，有种"天不怕地不怕"的感觉。

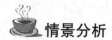

情景分析

根据教育实践的经验，某些学生之所以对老师的关爱"不领情"，敢于以怨报德、冒天下之大不韪，不外乎三种情况：第一种是当事学生在日常生活中总是不停地被老师批评、奚落和疏远，很少能够获得老师的关爱。当老师的关爱突然降临时，他就会对老师的这种行为产生怀疑——老师怎么会关心我这样的学生呢？所以才有了试探一下的心理。第二种是当事学生生活在一个缺乏真诚沟通的环境中，或者其具有恶意揣测他人意思的性格。当老师关爱他时，他就会感觉"很假"，故而用过激的言行对老师的"虚假行为"进行无情地揭露，致使老师当众出丑。第三种是当事学生真的没有坏想法，只不过表达出来的意思容易让人产生误解，正所谓"说者无心，听者有意"。

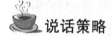

说话策略

1. 下下策

班主任为了出口恶气，凶神恶煞地走到小鹏跟前，冷冷地说道："我以后再也不管你了！你感冒不感冒关我什么事！"

采用这种说话策略，班主任忽略了可能会造成的恶劣后果。由于当时几乎全班同学都注意到了这件事，如果班主任按照上述内容表达，一方面会让小鹏更加认定班主任的关爱是虚假的，从而导致严重的师生冲突；另一方面也会让其他同学觉得班主任的心胸过于狭窄。这样会使班主任在学生心目中的形象大打折扣，对于以后班级管理工作的开展大为不利。

2. 中策

班主任虽然受了不少委屈，但一时又没想到比较好的应对办法，只好"唉"地叹了一口气，试图尽快逃离这种情景。

采用这种说话策略，班主任试图把评价权交给班级中的其他学生。班主任所表达的一个"唉"字，可以向学生传递两方面的信息：第一，自己的确真心地关爱小鹏，却换来小鹏的怀疑和不屑。老师现在觉得很委屈、很伤心，已经到了口不能言的地步，希望能获得其他同学对班主任的同情以及对小鹏的批评和指责。第二，自己以简洁有力的语言粉碎了小鹏的试探，证明了自己的"清白"和"无辜"，捍卫了自己在学生心目中的形象。然而，这样做却显得班主任是一个老实巴交的人，不善于表达、不懂得教育的艺术，以致于一小部分学生看不起班主任，觉得班主任"好欺负"，这也有损班主任的形象。

3. 上上策

班主任认为，在没弄清小鹏的真正意图之前，应该先把自己的怨恨和委屈统统"憋"在心里，于是迅速地调整表情，微笑着说："你不怕冷啊？还是注意一点儿好！我现在就感觉挺冷的！"

采用这种说话策略，班主任用"隐忍"和"智慧"创造了一个比较轻松的氛围。班主任轻松的表情及充满爱心的语言，会让小鹏很快感到愧疚，而其他同学也同样会感受到班主任的宽容。虽"遭此一劫"，但班主任在学生心目中的形象会因此而更上一层楼。另外，采用这种表达方式，班主任也为自己处理、调查这件事情留下了很大的余地，可谓一举两得。

2. 学生说自己处事不公

班主任平时与学生接触的机会较多，在处理各种问题时更应该做到公正、平等，不能因为学生成绩的高低、以往表现的好坏、是否是班干部等因素而有所差别。

情景再现

昨天晚上熄灯后，小楷没有按学校规定的时间睡觉，而是偷偷地打开手电筒看《三国演义》，结果被生活老师逮个正着。生活老师不但没收了书，还开出了罚单——小楷被通报批评不说，班级四项竞赛分数还被扣掉一分。我多次在班里强调，班级四项竞赛分数就是一个班级的脸面，凡是因扣分而给班级抹黑的同学，我都会在班级里公开批评。接到罚单的当天晚上，我按照既定制度，对小楷采取了相应的惩戒措施。但小楷不服，下课后跑到办公室跟我"理论"，说我处事不公正，还理直气壮地说道："被扣分是因为我看《三国演义》，而《三国演义》是中学生的必读书目。我晚上就寝后还挑灯夜战，这是勤奋学习的表现。生活老师扣分、收书的处理方式本来就有失公允，没想到班主任还这样对我，把'勤奋学习'和'故意捣蛋'同等看待。"

情景分析

一个优秀教师的魅力，绝不仅仅来自渊博的知识，还来自于公正、平等地对待每一个学生的态度。公正对于教师有着特殊的意义，一个老师能否公正、平等地对待学生，往往会影响到他在学生心目中的形象。班主任平时与学生接触的机会较多，在处理各种问题时更应该做到公正、平等，不能因为学生成绩的高低、以往表现的好坏、是否是班干部等因素而有所差别。而且，公正、平等地对待学生，关心、爱护全体学生，也是班主任必须遵守的职业道德规范之一。因此，班主任在对学生的教育和管理过程中，要切记公正、平等的原则。无论是家庭富有的孩子还是家庭贫穷的孩子，无论是官家子女还是平民子女，无论是优秀学生还是后进学生，无论是正常人还是残疾人，班主任都要一视同仁地对待。这样做才能充分调动全体学生的积极性，使每个学生都健康地成长。

此外，如今的青少年学生，已逐渐懂得运用已掌握的政治常识和道德标准来评价身边的人和事，特别是评价与之朝夕相处的班主任。因此，班主任应该时刻注意规范自己的言行，待人处事要力求合法、合情、合理，使学生觉得自己的班主任是个品德高尚、处事公正、完全可以信赖的人。诸如编排座位、评选先进、任用班干部、安排劳动、辅导功课以及给予表扬和批评等等，都是学生普遍关注且较为敏感的事情，班主任必须认真对待，公正处理。若无视学生的权益、违背原则、感情用事，学生就会觉得遭到了不平等的对待。其结果，必然会损伤学生的自尊心，挫伤学生的积极性，影响学生间的团结。国内外的大量案例表明，在学校、家庭或社会里，因为受到不公正对待而想要发泄私愤、实施报复，这是导致当今青少年违法犯罪的重要原因之一。班主任千万不可对此掉以轻心。

小楷是一名学习非常勤奋的学生，他的成绩也一直处于班级的前列。以前他多次受到我和其他科任老师的表扬，是老师们都很喜欢的学生。小楷挑灯夜读，这的确是勤奋学习的表现，如果不是感到很委屈，他也不会这么"大胆"地来找我，因为他一向是比较内向和老实的。尽管如此，小楷挑灯夜读的行为还是不值得提倡，因为他没有遵守集体制度。如果生活老师没有通报批评小楷，如果班里的其他同学不知道这件事，也许我可以在私底下把这件事处理得更好。但木已成舟，既然其他同学都知道了班级四项竞赛分数因为小楷的"勤奋学习"而被扣掉一分，那我就必须兑现自己"公开批评"的诺言。否则，我以后便无法让全班同学信服，学生会觉得我处事不公，进而给捣蛋的同学留有可乘之机。心里感到委屈的小楷来找我理论，一方面说明他信任我，另一方面也说明他还没有深刻地认识到自己的问题。因此，我必须在帮助他认清事情本质的基础上让他对班主任的惩戒心悦诚服，从而避免他以后再犯类似的错误。

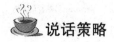 **说话策略**

1. 下下策

班主任为了收到立竿见影的效果，便板着脸问小楷："如果你是班主任，你会怎么处理?"稍微停顿之后，又严厉地说道："的确，你挑灯夜读是勤奋学习的表现，但晚上是休息的时间，我一直强调，该学习的时候就勤奋学习，该休息的时候就充分休息。你在不该学习的时候学习，这本来就是错误的行为，难道我还要把你的这种行为推广?"

采用这种说话策略，班主任基本上可以把道理讲出来，但是并没有把问题说清楚，而且说话的口气很难让人接受。班主任在讲道理的同时狠狠地责怪小楷，其中不乏讽刺和挖苦，这极有可能使结果适得其反。

2. 中策

班主任为了显示自己对小楷的理解，同时很好地回应小楷对自己的信任，于是和颜悦色地说道："小楷，一直以来你都是各科老师心目中的好学生，学习勤奋，成绩优异。昨晚熄灯后你挑灯夜读，虽然可能是因为你想抓紧时间读书，但是你忽略了一个细节，寝室不是你自己的卧室，你手电筒的灯光多多少少会从被窝里射出来，这样极有可能影响其他同学的休息。晚上是同学们共同的休息时间，不能因为你自己想看书而打搅其他人。再说了，同学们都知道了你挑灯夜读的事情，而且我们班还被扣了分，如果我不批评你，万一其他同学也学你这样做，那样寝室就变成教室了，同学们还怎么休息呢?"

采用这种说话策略，班主任显示出了自己的爱心和耐心，这基本上可以得到小楷的理解，相信师生关系也不会因为这件事而受到影响。

3. 上上策

班主任认为，小楷觉得委屈实际上是因为他太钻牛角尖。为了彻底帮小楷解开心中的疙瘩，班主任把谈话的重点放在了解释"动机好，但并不代表不会犯错"这个道理上。班主任微笑着说道："哈哈，小楷，你的勤奋老师和同学都是看在眼里的。你挑灯夜读反而招致扣分和严厉的批评，我想你心里一定觉得很委屈。如果换成其他人，可能在课堂上就会和我争论起来，因为挑灯夜读的动机是好的，但是还被批评，这也太不公平了!

你能下课后才来找我谈心，这说明你做事还是比较理智的，老师觉得很欣慰。但是，老师还是想向你说明一点，一个人做事的动机好，并不代表他就不会犯错。比如昨晚的事情，寝室不是你自己的卧室，你手电筒的灯光多多少少会从被窝里射出来，这样很有可能影响其他同学的休息。晚上是同学们共同的休息时间，不能因为你自己想看书而打搅其他人。这样说你可能还不太理解，我们可以打个简单的比方。假设现在需要给贫困地区捐款，张三想捐100元，但他口袋里只有50元，他见同学的50元钱放在文具盒里，于是偷偷地拿出来一起捐了。你能说张三的动机不好吗？但事实上他犯了盗窃罪，虽然他想多捐些钱，但是他损害了他人的利益，触犯了法律。如果我们还大张旗鼓地表扬张三，那就乱套了！当然，这次你只是无心之过。你如果还有什么困惑，不妨直说，老师也可能有考虑得不周全的地方。"

　　教育的目的在于宣扬真、善、美，从而切实帮助学生成人成才。采用这种说话策略，班主任非常清楚地从正反两个方面耐心地解答了小楷心中的困惑，相信小楷能够慢慢地明白班主任的苦心，进而改变自己原有的错误想法。

3. 学生埋怨班级纪律差

> 读完小斌的信，我的确不敢相信她的说法。班级四项竞赛等各项评比我们班可都是名列前茅的啊，纪律怎么会差到这种地步呢？

情景再现

开学第二周，我在"班主任信箱"中收到一封来自小斌的"重量级"的信件。这封信的内容如下：

赵老师：

您好！

作为一名高二的学生，我已经读了十一年的书，遇到过差不多十位班主任，这其中只有您使用"班主任信箱"。您告诉我们，每一个同学都应把班集体当作自己的家，都要为创建一个温馨、和谐、积极进取的大家庭而贡献出自己的力量，这其中之一就是向您真实地反映班级的情况。因此我想向您反映一下，我觉得我们班里的纪律真是糟透了！

您可能不相信，因为每次您来班级后，班里的纪律都是出奇的好。其实您看到的都是假象，您一走开，班里就会乱得像一锅煮沸了的粥。我这里有我记录的班级日志，您可以看看都有哪些同学在课堂上说话、睡觉、随意走动。我用人格保证自己记录的班级日志是真实的。

赵老师，您说过要为我们创造一个良好的学习环境，但现实情况却是其他老师在上课时都要集中精力维持纪律。这不仅浪费了我们的宝贵时间，而且使我们的学习效果大打折扣。

赵老师，您可能觉得我的有些说法不可思议，但这都是真实的情况。赵老师，给您添麻烦了！

您的学生：小斌

×年×月×日

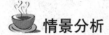 情景分析

设立"班主任信箱"，可以激发学生自主管理班级的巨大热情，培养他们自觉解决问题的能力，加强学生和班主任的情感交流，从而在民主、和谐的气氛中全面提高学生的素质。学生可以随时、随地将"心里话"投入"班主任信箱"，这其中就包括学生对班级的评价。

小斌是一位非常好学的学生，她上课时一直都认真听讲、记笔记，从来不说话或睡觉。可遗憾的是，她的成绩并不是很突出，也就是中上游水平。她虽然性格比较内向，但信里的内容绝对是她真实的感受。

读完小斌的信，我的确不敢相信她的说法。班级四项竞赛等各项评比我们班可都是名列前茅的啊，纪律怎么会差到这种地步呢？于是我马上跑到教室门口：语文老师正在上课，所有的学生都在抬头听课。难道这又是巧合？于是，我又去找其他几位科任老师询问他们上课时的情况。大部分老师反映班级学习气氛比较浓厚，纪律也比较好，只不过偶尔会有极个别学生说话或睡觉。

在课堂上，学生说话或睡觉的现象是难以避免的。然而，小斌却把这种正常的现象夸大了。或许在她心目中，学生都应像她那样从不在课堂上说话或睡觉，因此她才会觉得班里乱糟糟的。另一方面，小斌急于想把成绩提高，她需要一个完全不会影响她学习的环境，倘若学习环境有一点儿不好，她就会敏锐地感觉到。

尽管如此，但上课时的确存在着学生说话、睡觉的现象。虽然我曾经专门为此组织主题班会加以引导过，还在刚开学的前几天三令五申，但这种现象并未根除。这说明我的工作没有做到位，我应该给小斌一个合理的解释。

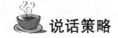 **说话策略**

1. 下下策

根据科任老师的评价，班主任认为班级的纪律情况还是不错的，于是抱着无所谓的态度对小斌说道："小斌，你是一个学习非常认真的学生。在普通班里，其他同学肯定会对你造成一定的影响，但这个时候你应该更加专心地学习，就像当年毛主席到闹市读书一样。你要好好地训练自己，使自己适应环境才行。其实我们班的纪律已经很好了，不信你可以看看我们隔壁班的纪律！"

采用这种说话策略，班主任虽然说的都是实话，但却把这件事的责任都推到了小斌的身上——她对纪律要求得太苛刻了。班主任这样做可能会严重伤害一颗本来就很敏感的心，何况小斌的行为是出于关心班级建设的目的。

2. 中策

班主任觉得自己已经尽力了，于是无奈地说道："小斌，我们班是普通班，学生的学习习惯本来就比较差，上课时有一部分学生说话或睡觉是正常的，他们很难像你那样严格要求自己。老师也已经尽力了。"

采用这种说话策略，不仅会让小斌觉得班主任很不负责任，还会让他感觉到班主任的无能，从而对班级纪律的改善失去信心，思想压力也越来越大。

3. 上上策

班主任感觉小斌的出发点是好的，于是微笑着说道："小斌，非常感谢你对班级的关心。你不仅学习认真，而且有很强的集体意识，对此老师感到很高兴。你所反映的问题，我已经向科任老师核实过，我们班的确存在着个别学生上课说话、睡觉和随意走动的现象，特别是那几个'难缠户'。还好你反映得比较及时，下一步我会马上找这几位同学谈话，争取尽早给你们创造一个良好的学习环境。之前，老师真的被假象蒙蔽了，老师一定会尽最大的努力来改善班级纪律，请你相信老师。"

采用这种说话策略，班主任不仅初步消除了小斌的担忧，而且还增强了小斌的信心，相信这对小斌的成长有百利而无一害。这也显示出了班主任对每一位学生的关爱之心，对于良性师生关系的建立有着巨大的推动作用。

4. 学生与科任老师起冲突

学生和科任老师发生冲突时，班主任该如何处理？不管是狠狠地责骂学生一顿，还是为学生的行为辩解，这些都是火上浇油，会使本来已经十分紧张的师生关系变得更僵。

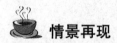 **情景再现**

上午第一节课快要下课时，我在办公室就听见了郑老师愤怒的吼声："你太过分了！"（我的办公室和教室距离较近，我和郑老师共事已将近两年，我对他的声音也比较熟悉。）听到郑老师的吼声，我心想，肯定出事了，不知是哪个学生又顶撞郑老师了。于是，我赶紧向教室跑去。当我跑到教室门口时，郑老师拉扯着小鹏也到了门口。郑老师此时正在气头上，说道："赵老师，你来得正好。小鹏太过分了，你看怎么办吧？"我有点儿丈二和尚摸不着头脑，但看到郑老师那生气的样子，猜想小鹏犯的肯定不是小错。我赶紧说："郑老师，对不起。你先消消气，我现在就把小鹏带到办公室去好好地教育！"郑老师说了一声"太过分了"后就回到讲台上继续上课。谁知就在这时，下课铃声响了。于是，我、郑老师和小鹏一起向办公室走去。

情景分析

师生冲突是指教师与学生在互动过程中所出现的不和谐的现象，在一定程度上表现为师生之间的抵触和对抗行为。师生冲突常常源于教师对学生的违纪行为进行干预时学生无动于衷或拒不执行，抑或源于教师误解学生，造成师生间的隐性矛盾升级为激烈的冲突。在实际的教育工作中，由于教师对中学生的特殊心理特征认识不足，又缺乏预设的应对策略，因此极易发生师生冲突。比如在课堂上，教师反复训斥或命令学生，学生拒不执行，双方都因害怕失去面子而互不相让，致使双方陷入僵局。此时，如果教师不能打破僵局，或者由于愤怒而使言行出格，那么对抗性的冲突就会发生。

当师生发生冲突时，谁应该承担主要的责任？如何对师生冲突进行"归责"才是正确、合理的？这都是值得探讨的话题。如果从新型的师生关系层面来说，当师生之间产生矛盾时，不管出于何种原因，老师都应该积极、主动地运用教育规律和教育智慧来化解矛盾，而不应采取过激行为使师生矛盾升级为师生冲突。显然，从这一层面来说，老师在师生冲突中应负主要的责任。如果从年龄层面来说，老师是成年人，而学生是未成年人，那么老师在师生冲突中应该更理智，更宽容，不应抓住某一点不放。显然，从这一层面来说，老师也应负主要的责任。当然，引发师生冲突的因素有很多，由于教育理念的限制，老师不可能凡事都处理得很完美。其实，在面对师生冲突时，老师也十分无奈，内心充满了苦楚。

然而，如果从伦理层面来说，老师在学生面前永远都是师长，是长辈，而学生在老师面前永远都是名副其实的"孩子"，是晚辈。在具体的教育教学活动中，学生和老师是平等的关系，师生之间可以交流、讨论，甚至争辩；但在日常生活中，学生必须尊敬师长，容不得有半点儿亵渎。所以，不管事情的起因是什么，学生和老师公开地发生冲突，学生就是目无尊长。即使老师在学生面前有不当的言行，学生也应首先维护老师的尊严，然后找到适当的场合，通过心平气和地和老师交流、讨论的方式来解决问题，而不是嚣张地让老师难堪。

学生和科任老师发生冲突时，班主任该如何处置？不管是狠狠地责骂学生一顿，还是为学生的行为辩解，这些都是火上浇油，会使本来已经十分紧张的师生关系变得更僵。一个良好的班集体，必须得到学生和科任老师共同的支持和努力，班主任不能"得罪"任何一方。因此，在处理学生和科任老师的冲突时，班主任应谨慎行事，妥善解决。实践表明，班主任在处理科任老师和学生之间的冲突时，应该注意以下几点：首先，班主任要充分尊重学生及科任老师，保证矛盾不再继续升级，切忌急于训斥或支持某一方。其次，班主任要充分了解冲突的经过，引导学生和科任老师进行换位思考，使双方相互理解，从而化解冲突。最后，班主任要扮演好桥梁的角色，将心比心，主动和双方沟通，争取让双方都承担一定的责任。

总之，当学生与科任老师发生冲突时，班主任绝不能一推了之，而应该深入了解情况，排除一切干扰，妥善地解决问题。

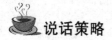 说话策略

1. 下下策

班主任发现自己班的学生竟然和科任老师顶撞，对此感到十分生气，进而大发雷霆："小鹏，你太不像话了！我不管你到底做了什么，不尊重老师就是不对，我要求你立刻向郑老师道歉！"

采用这种说话策略，班主任无疑是火上浇油，万一小鹏本来就觉得很委屈，就会让火烧得更旺。这样不仅没有解决问题，还把事情闹得更大。

2. 中策

班主任想在科任老师和学生面前扮演一个公正的法官，于是缓缓地问道："小鹏，你究竟做了什么？怎么惹得郑老师这么生气？"审问完小鹏后，班主任再向郑老师进行核实，进而做出公平、公正的判决。

采用这种说话策略，班主任的行为肯定能起到"大事化小，小事化了"的效果，同时给予了科任老师和学生解释、申辩的机会，基本上不会再出现什么差错。但遗憾的是，班主任的这种做法会不会让科任老师误以为班主任在放纵自己的学生呢？会不会让其他学生误以为班主任在祖护小鹏呢？如果上述误会真的存在，就有可能加剧学生顶撞老师的现象发生。

3. 上上策

班主任明确地表现出了自己应有的态度，那就是——既要维护科任老师的尊严，也要告诫学生不要再犯类似的错误。于是，班主任严肃地说道："小鹏，不管怎么说，作为学生，你在郑老师面前是晚辈。自古以来，晚辈顶撞长辈都是让人唾弃的行为。不管事情的起因是什么，学生和老师公开地发生冲突，学生就是目无尊长。即使老师在学生面前有不当的言行，学生也应首先维护老师的尊严，然后找到适当的场合，通过心平气和地和老师交流、讨论的方式来解决问题，而不是嚣张地让老师难堪。我不

管今天到底发生了什么事，现在我以班主任的名义要求你立刻向郑老师诚恳地道歉，你道歉之后，我们再谈下一步的事情。否则，我就把这件事情交给政教处处理！"（一般情况下，学生听到班主任的劝解后，都会主动道歉的。等学生道歉之后，班主任再和科任老师以及当事学生详细地交流。）

　　采用这种说话策略，最关键的就是，班主任要先表明立场——学生在老师面前是晚辈，晚辈顶撞长辈就是错误的，学生必须先道歉。然后，班主任再教会学生处理类似事件的方法：先"忍"下来，事后再找合适的机会同老师探讨。这样，班主任不仅解决了问题，还教育了当事学生，可谓一举两得。当然，学生在面对班主任的这种比较强硬的态度时，也有可能拒不向科任老师道歉，或者一定要进行辩解。不管学生怎么说，怎么做，班主任的态度都应该明确，否则，师生间的冲突将会更加激烈，甚至会严重影响学生的学习和教师的教学。

5. 学生对自己"怀恨在心"

> 一部分学生之所以会记恨老师，主要是因为他们不能真正地理解老师的言行，错误地认为老师在故意找茬。

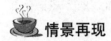 **情景再现**

在刚开学的前两周里，小忠就累计迟到了 13 次。在开学的第一周里，对于学生的迟到现象，我并不是很在意，因为毕竟刚开学，学生刚刚疯狂地玩了一个假期，一时半会儿还不能适应学校生活。虽然我没有找个别学生谈话，但在开学初的几天里，我几乎天天都会做学生的思想工作，希望他们尽快进入到紧张有序的学习中来。同时，我还明确地表示，可以给他们一周的适应时间，从第二周开始，如果还有个别学生迟到，那我就要找他"谈话"了。

对于绝大多数学生来说，三天之后基本上就不会再迟到了，他们很快就适应了学校生活。但是，小忠却是一个例外。开学第二周的第一天，他早读课就迟到了。我在教室门口微笑着提醒了他一次，希望他能有所改进，对此，他也有点儿不好意思，并明确表示以后不会再迟到了。谁知第二天，他又迟到了。我把他"堵"在了教室门口，用极其温柔的语气督促他以后不要再迟到，他也表示自己迟到是因为忘了定闹钟，并保证以后不会再迟到了。果然，第三天，小忠没迟到。但是第四天，他又迟到了。这次，我不仅把他"堵"在了教室门口，还把他"请"到了办公室。他说，这次又忘记定闹钟了。看着他那笑眯眯的吊儿郎当的样子，我就窝了一肚子的火，但我还是忍住了，只是告诫他，如果在本周他还迟到的话，那就是屡教不改，我会毫不留情地在班级里严厉地批评他。作为一个十七八岁的高中生，他立即领会到了我的意思，并表示下次改正。但是第五天，他还是迟到了。

于是那天晚上，我用十分严厉的口吻公开点名批评了他。我当然没有用侮辱性的词语，只是间接地批评道："同学们，作为一名高中生，应该做到'一言既出，驷马难追'。如果犯了错误却屡教不改，就会给别人留下极坏的印象。希望同学们有则改之，无则加勉！"

在接下来的几天里，小忠出乎意料地不再迟到了。对此，我感到很高兴，也很有成就感。但是，事隔几天之后，我在校园里碰到了小忠，他看了我一眼后，竟然大摇大摆地走了过去，简直把我当成了空气。刚开学那几天，他可是把"老师好"说得热乎乎的。当时，我的心里充满了委屈和埋怨，真想把他抓过来狠狠地批评一顿，但最终还是忍住了。我想，我必须找机会和他好好谈谈，以消除他对我的怨恨情绪。

情景分析

事实上，一部分学生之所以会记恨老师，主要是因为他们不能真正地理解老师的言行，错误地认为老师在故意找茬。当然也有少数老师，由于自身刻薄的语言和过激的行为，损害了学生的利益，从而招来学生的记恨。不管是哪一种原因造成的记恨，都会既伤害学生，又伤害老师。所以，老师在教育学生时，一定要避免使学生记恨自己。为此，老师要做到以下几点：首先，教师要摆正心态。学生是未成年人，对于他们，老师要悉心地照顾和科学地引导，不要挖苦、讽刺甚至是侮辱他们。其次，老师在教育学生时要讲究艺术。比如，同样的观点，运用不同的语言表达出来，达到的效果完全不同。再次，当学生十分生气时，老师应放缓或暂停对其教育，等到学生心平气和时，再把自己的想法向学生解释清楚，以求得到学生的理解。最后，老师在教育学生时，要遵循对事不对人的原则。学生犯错后，教师要及时对其进行批评教育，但之后该关心当事学生的时候要尽量关心，切不可对其不理不睬，这样会引起学生的误解。

我认为，成为一名成功的班主任，最重要的一个标志就是能和学生和谐、融洽、友好地相处。如果师生之间出现了敌视或对抗的情绪，那就说明班主任的工作有疏漏或有不到位的地方。于是，我把事情的过程进行了反思，发现并没有什么大的问题，我基本上都是在用宽容和爱心引导他，有问题的话那可能就出在我公开地批评他这一点上。然而，面对他那一副屡教不改的样子，我必须拿出有效的惩戒措施啊，何况我还事先警告过他！但是作为班主任，自己不应该和学生之间有抵触情绪，我必须主动地解开这个疙瘩。不过，这需要有好的教育契机。机会很快就来了！开学第三周时，我听数学老师说小忠的小测验考得不错，于是，我打算借此机会和他好好谈谈。

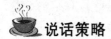 ## 说话策略

1. 下下策

班主任在对小忠表扬了一番之后，仍然觉得自己很委屈，便有些生气地说道："你是我班里的学生，你多次迟到，我觉得自己有责任教育你。在你屡教不改的情况下，我必须严厉地批评你，使你认识到自己的问题，从而及时改正。我费尽了心思，却还被你埋怨。你以为老师想管你啊，你要不是我班里的学生，老师才懒得理你呢！"

采用这样的说话策略，班主任虽然可以逞一时的口快，但有失师长的风范，这不是在和学生赌气嘛！这样做不但不能消除隔阂，还会加深师生间的矛盾。

2. 中策

班主任在对小忠表扬了一番之后，觉得小忠现在不仅不迟到了，而且数学小测验又考得这么好，便和小忠"套起了近乎"，希望通过这样的方式获得小忠的好感。班主任高兴地说道："小忠，刚开学的前两周，你总是迟到，但现在却完全变了一个人似的，不仅不迟到了，而且数学小测验又考得这么好，真是值得庆贺。老师心里也非常高兴啊，你这样的学生很有前途！"

采用这种说话策略，班主任显然没把"小忠记恨自己"当回事，这显得班主任心胸十分宽广。但是，利用这样的方式打动小忠，不免显得过于"曲折"，很难说到底会不会起到较好的教育效果。

3. 上上策

班主任在对小忠表扬了一番之后，觉得有必要和他把以前的事情解释清楚，并希望以此改变小忠片面的想法，于是微笑着说道："小忠，你最近不再迟到了，而且数学小测验考得也不错。老师发现了你的进步，就会

不遗余力地表扬你；如果你还像以前那个样子——几乎天天都迟到，老师也会毫不客气地批评你。我之所以这样做，是因为你是我的学生，表扬你，是对你负责；批评你，同样也是对你负责。目的只有一个，就是希望你能取得更大的进步。其实，没有哪个老师喜欢批评学生，因为如果批评得不恰当，就极有可能招致学生的反感。不知你对我上次公开批评你有什么看法，心里有怨气吗？"（我在这么说的时候，密切注意着小忠的表情，小忠的脸一红——那次果然是故意不理我的。但他嘴里却一个劲儿地说"没有"。看到他当时的表情，我感到非常高兴。）在得到小忠的回答后，班主任继续补充道："老师感谢你没有埋怨我啊，要不然我可是好心办了坏事啊！哈哈，以后你要是再犯错，我还会对你严惩不贷，好不好？"

采用这种说话策略，班主任无疑牢牢地抓住了维护师生关系的主动权，不仅可以消除师生之间的隔阂，帮助小忠改变原有的错误认识，还可以让小忠感受到老师的"宽宏大量"。

6. 学生对自己的判罚有抵触

回顾整个事件的处理过程，我感觉并无不妥之处，但为什么会让小楷对判罚如此抵触呢？小楷是一位勤奋好学且很守纪律的学生，一直以来都没有违反过班规。我想，他很可能是被冤枉了。

☕ 情景再现

昨晚第二节晚自习课上，我接到生活老师的反馈单——我们班503男生寝室昨晚熄灯后仍有学生大声说话，班级四项竞赛分数被扣掉一分。但是，反馈单上并没有注明是几号床的学生说话，而以前的反馈单上都写得很清楚。由于反馈单是一式三份的——寝室一份、班主任一份、政教处一份，所以在我收到反馈单时，学生们已经知道反馈单上没有注明是哪个学生说话了。

我仔细想了一下，感觉有点儿眉目了，就说道："请问503男生寝室哪个同学昨晚大声说话了？请主动站起来！"

没有人站起来，我有点儿奇怪，于是微笑着补充道："请说话的同学做一个敢作敢当的男子汉！"

还是没人站起来，我有点儿生气，但还是尽量平静地劝解道："请说话的同学勇敢地站起来，又不是什么大不了的事，不要因为这么点儿小事就做缩头乌龟了！"

503男生寝室的学生面面相觑，但还是没人站起来。我强忍住自己的愤怒，调整好自己的表情，再次平静地说道："到现在说话的同学还没有站起来，未免太不仗义了吧！根据我们班的班规，如果你还不站起来的话，整个寝室的同学都要受到牵连，难道你想连累自己的室友吗？请主动站起来。"

话说到这个份上，说话的同学还是没有站起来。我虽然心里窝着火，但还是感觉没必要为这么点儿小事在班级里发火，于是退一步说道："可能说话的同学还没有想清楚。那好，这节课下课后，请说话的同学到办公室向我说明情况。其他被冤枉的同学也可以向我反映情况，这个时候你们要主动维护自己的权益了。如果大家都不愿承担责任，那最后一节晚自习时，我们就要按照既定班规进行惩罚了。"

但是，直到最后一节晚自习上课的铃声响起，还是没有同学主动过来向我说明情况。我想了想，可能是全寝室的学生都说话了，也可能大部分学生都参与了，只有极少数的同学没参与，但这极少数的同学又不好意思向班主任反映情况来争取自己的正当权益。

最后一节晚自习时，我按照既定班规进行了合理的惩罚：503男生寝室的全体学生选择任一单元的英语单词抄写5遍，第二天早上交给我检查。

第二天早上，小楷来交单词本时，我感觉他有明显的怨气。看来，他对我的判罚不服，抵触情绪比较大。

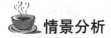 情景分析

一般情况下，大多数违纪学生很难对班主任的判罚心服口服，因为他们片面地认为自己犯的错很小，而要接受的判罚却过重，故而对班规的执行者——班主任怀有抵触情绪。不管班主任如何公平、公正地处理班级事务，这种事情几乎都无法避免。虽然对班主任的判罚有抵触情绪的学生很多，但是真正表现出来的却很少。有一类学生是因为迫于班主任的威信，同时又觉得自己不是很委屈，所以只好"忍气吞声"。还有一类学生则对班主任的判罚怀有较强的抵触情绪，那就是因故被冤枉的学生。如果被冤枉的学生不主动向班主任澄清事实，就很难"沉冤得雪"。

不管是哪一种类型的抵触情绪，积聚得多了，都会严重影响师生关系的和谐，因而班主任要尽量避免和减少不公正的判罚，并且及时做好解释和疏导工作。为此，班主任要做到以下几点：首先，班主任要努力塑造自己的完美形象，逐步提高自己的威信，从而慢慢地得到学生的信任。正如马卡连柯所说："如果教师在工作上、知识上、成就上有辉煌卓越的表现时，那你就会看到所有的学生都会倾向你这一边。"其次，班主任要在充

分发扬民主的基础上动员所有学生制定切实可行的班规，并公之于众，从而使班主任的判罚有法可依。再次，班主任要经常向学生解释为何要对犯错的学生进行惩戒，让学生明白班主任的一切行为都是为了他们好，以获得他们的感情支持。最后，当有学生对判罚不服时，班主任应该放下架子，认真地分析原因。如果学生"不服"是因为教师的过失而引起，班主任就应该检讨自己的错误，勇于承担责任；如果"不服"的主要原因是在学生自己，我们也要宽宏大量，并且耐心地做好解释工作。

当然，即使班主任处理此类问题时再谨慎，也很难保证所有学生都对自己的判罚心服口服，因为毕竟每个学生的个性和想法都不同。巴班斯基就曾辩证地说："每种管理方法就其本质来说都是相对的，既有优点又有缺点。每种方法都可能有效地解决某一个问题，而解决另一些问题则无效；每种方法都有可能会有助于达到某一种目的却妨碍另一种目的。"

回顾整个事件的处理过程，我感觉并无不妥之处，但为什么会让小楷对判罚如此抵触呢？小楷是一位勤奋好学且遵守纪律的学生，一直以来都没有违反过班规。我想，他很可能是被冤枉了。但是，我已经给了他维护权益的机会了。我曾在班里说过，如果谁认为自己被冤枉了，可以在规定的时间内找我说明情况，这样也就不会把自己变成窦娥了。但是小楷并没有这么做。难道他是想让我根据他以前的良好表现而不惩罚他吗？不管怎样，班主任让一个勤奋好学又遵守纪律的学生产生了抵触情绪，就有必要进行合理的解释。

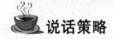 说话策略

1. 下下策

班主任认为，虽然小楷有点儿冤枉，但自己也很冤枉，于是就有点儿生气地说道："小楷，我看得出来，你对我的判罚不服啊。既然这样，你为什么不找我说明情况呢？我给了你说明情况的机会，但你又没有把握住，现在又对我的判罚不服。你感觉被我冤枉了，我还感觉被你冤枉了呢！老师的处境你考虑过没有？老师也不是神仙！"

采用这种说话策略，很像是同龄人或同辈人之间在斤斤计较，不符合教师的身份，有损班主任的形象，还可能会增添被冤枉学生对班主任的怨气。

2. 中策

班主任觉得自己冤枉了小楷，心里有点儿愧疚，于是决定马上向小楷道歉："哈哈，你没说话却被罚抄单词了，这是老师工作的疏忽。老师现在向你道歉，希望你不要生气，不要把抵触情绪带到学习中去，以免影响自己的学习。"

采用这种说话策略，一定程度上能够缓解被冤枉学生的抵触情绪，并间接地体现了班主任对该学生过去良好形象的肯定。但是，班主任却不得不把自己的委屈埋在心底，而且还没有使被冤枉的学生明白其中的道理。因此，这种说话策略存在明显的不妥之处。

3. 上上策

班主任想让小楷明白"换位思考"的道理，于是微笑着说道："小楷，根据你以往的表现，我感觉你的确是被冤枉了。以前你的表现都非常好，老师相信你不会在熄灯后大声说话，所以昨天老师就给没说话的同学留下了说明情况的机会，但你也没过来向我说明情况。其实，你只要过来说一声'我没说话'就行了。我想你没过来可能是因为不好意思，怕被其他同学说成'出卖室友'，也可能是因为你想让我凭借对你的良好印象直接免掉对你的惩罚。但是你想一想，如果老师唯独不惩罚你，那其他同学会有什么看法？老师不想处罚没有犯错的学生，但老师也不能无故免除对你的惩罚。老师的处境也很难呀，希望你能体谅老师并且明白这些道理，千万不能为此影响了学习。"

采用这种说话策略，体现出了班主任对小事的重视。只有把小事处理好了，才不会将矛盾积累，从而使班级管理工作能够顺利开展。

7. 自己在班里说脏话后想挽回

> 这种"无法无天"的行为完全超出
> 了我的底线，是明摆着的"挑衅"行
> 为，把我彻底激怒了。

情景再现

上午第三节课时，我在自己的班级里上课。由于教学内容比较简单，我打算以提问引导的方式让学生自主学习。当我在写板书时，教室内突然传来轻微但很刺耳的咀嚼食物的声音。竟然有学生敢在班主任的课堂上吃东西，这简直是无法无天！都已经是高中生了，怎么连这点儿最起码的纪律都不知道！我此时怒不可遏，猛一回头，发现小朝正在大口地咬着米团。血液疯狂地往我的头顶涌来，我的脑子里一片空白，只剩下满腔的愤怒。于是，我当时就大喝一声："不想学习就给我立刻滚出教室，别在教室里吃东西！"小朝听到我的喊声后，乖乖地把食物塞进了抽屉里，又老老实实地低下头往课本上看。其他学生也被我的喊声吓了一跳，四处张望后都把惊奇和怀疑的目光转移到了我铁青的脸上。接手这个班级一个多月以来，我从来都微笑着面对学生，还没有这样发过火。这时，我顿时感觉很尴尬。我太冲动了！我不敢看学生的眼睛，"知趣"地慢慢地转过身来继续写板书，后面的课如何上的我自己都不知道。

情景再现

为了进一步规范中小学教师的职业道德，江西省教育厅日前制定并公布了《江西省中小学教师职业道德"八不准"》，这其中的一个"不准"就是不准老师说脏话。其实，认真地想一想，做教师的怎么会不知道"行为世范"的道理？若不是个别学生的行为过于恶劣，老师也不会说脏话，毕竟每一个老师都想在学生面前树立良好的形象，都想得到学生的喜爱。当然，既然身为老师，说脏话就绝对是错误的行为，不管事情的起因是什么。但是，在有些情况下，有些老师仍然忍不住说了脏话，究其原因，主要有以下几种：首先，一些老师由于生活环境、成长经历以及文化修养的局限，综合素质并不高，常常会不自觉地说脏话，比如把"笨蛋"、"人渣"以及"弱智"等词语挂在嘴边。其次，一些老师缺乏自我保护意识，对说脏话行为的严重后果认识不足，片面地认为自己即使说脏话也是为了激励学生，让其知耻而后勇。事实上，如果因为老师说脏话而导致学生离家出走、自残或自杀，那么老师的行为就将成为老师"犯罪"的铁证。最后，一些老师的性格比较冲动，当他们遇到比较难以处理的情况时，常常说脏话以显示自己的威严；或者当学生出现恶劣的行为时，老师一时没有好的解决方法，只好靠说脏话来震慑、压制学生。老师公开地说脏话，不仅会影响到自身的形象，还会伤及学生的自尊，进而引发师生之间的矛盾，这对师生关系的和谐极为不利。因此，倘若老师说了脏话，一定要想办法进行弥补，切忌不闻不问、任其发展。

我从教近三年来第一次遇到这样的事情，而且还发生在自己的身上。我的心里当时只有一个念头：敢在课堂上吃东西，简直没有把老师放在眼里，更何况我还是班主任！这种"无法无天"的行为完全超出了我的底线，是明摆着的"挑衅"行为，把我彻底激怒了。当时，愤怒淹没了我的理智，所以自己才不小心说了脏话。但在看到其他学生那惊奇和怀疑的眼神时，我又深为自己的冲动而后悔。不管怎么说，老师在课堂上对着几十位学生说出"滚"字，绝对不是一件光荣或值得炫耀的事情。这种说脏话的行为不仅会使自己的形象受损，更会使学生受到不良影响。如果学生也学我这样，将来班里岂不天下大乱？我必须尽快为自己的冲动行为做出一个合理的、让人信服的解释，以免带来更严重的后果。

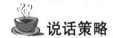 说话策略

1. 下下策

班主任认为学生是很容易被"忽悠"的，一心想为自己开脱，于是颇

显无奈地说道:"今天,老师感到十分生气,竟然有学生在课堂上吃东西。都已经是高中生了,还不知道在课堂上什么该做、什么不该做吗?简直太过分了,能怪老师发脾气吗?要是你是老师,你的学生在课堂上吃东西,你会怎么办?大家可以'换位思考'一下,这样你们就能明白老师当时的心情了!"

采用这种说话策略,班主任虽然说的都是大实话,也极有可能获得学生的谅解,但是,班主任并没有对自己在课堂上说脏话这一错误行为承担任何责任,反而像是在狡辩和推脱责任。实践证明,这并不是明智之举,会严重影响班主任在学生心目中的形象。

2. 中策

班主任一想到有学生在课堂上吃东西就来气,本来打算解释一番的,谁知又变成了对当事学生的批评以及对其他学生的警告,于是严肃地说道:"上课时吃东西是极不文明的行为,不仅说明你自身素质不高,还会扰乱课堂秩序并影响老师的心情,耽误其他同学的宝贵时间。希望其他同学以此为鉴,反思自己有没有类似的行为。我以前多次说过,细节决定成败,希望大家注重细节并养成良好的习惯,否则别怪老师说出难听的话。"

采用这种说话策略,班主任确实是在为学生着想,对于很大一部分学生来说,这样做能起到很好的引导作用。但是值得一提的是,采用这种说话策略无疑是将老师置身事外,而把整个事情统统归结为学生要提高素质以及养成良好的习惯。可问题是,难道老师就不需要提高素质和养成良好的习惯了吗?

3. 上上策

班主任认为自己应该承担"在课堂上说脏话"这件事的责任,同时还应抓住契机对学生进行教育,于是轻松地说道:"在今天上午的第三节课上,老师发火了,并且说出了一个'滚'字,在此老师向全班同学道歉。作为班主任,应该给学生做好榜样,但老师却说了脏话,这是错误的行为。请大家监督我,如果以后老师再有类似不文明的行为,欢迎同学们向我提出来,我会感谢大家并虚心地接受你们的意见和建议,因为大家这是关心我啊。今天我在课堂上说脏话,是不文明的行为,请大家不要学习我的这种行为。我以前几乎天天跟大家说平时要注意细节,遇事要冷静,但老师今天就没有做到，希望以后大家做得比老师好。在这里，老师还想说明的是，大家一定要记住，一个人的一言一行都会折射出他的素质。不管何时何地，老师都希望同学们能给别人留下最美好的形象。一定要明白哪些场合可以做哪些事情，不可以做哪些事情，比如上课的时候就不能睡觉、吃东西或者说脏话，否则就会违反纪律，有损自己的形象!"

　　采用这种说话策略，会让学生感受到班主任是一个敢于承认错误、承担责任的人，不仅会给学生留下极好的印象，还能间接地让学生理解班主任的苦心，理解老师批评学生是对学生的关心和爱护。这其中的教育意义是无形且深远的。

8. 自己因故违规

> 当班主任被学生们视为心目中最美好、最高尚的人时，班主任在处理班级事务时便可以不怒自威，许多道德观念便可以轻而易举地深入学生的内心。

情景再现

今天晨跑课时，我因为肚子突然疼痛去卫生间，结果迟到了几分钟，害得我们班因为"群龙无首"而被政教处老师点名批评。当我慌慌张张地跑到大部队时，很多学生都用惊奇的眼光看着我，好像是在问，从不迟到的班主任今天怎么迟到了，是不是有什么事情？体育委员跑到我身边，先问了一句"怎么了？"，然后又悄悄地说："我们班被点名批评了。"她的眼神暗示我必须说些或做些什么。今天刚好有班会课，我正好可以处理这件事。

情景分析

我国当代著名的教育家魏书生曾说过，他每带一个班，都要在教室后放一张自己的桌子，因为班主任是班集体的一分子，而且是和学生平等的一员，是一名"大学生"。由此可见，作为班主任，能不能让学生认同、接纳、爱戴自己，进而在他们心目中拥有"完美的形象"，关键是自己能否成功地融入班集体。为此，班主任要实现两个方面的转变。

首先，一直以来，班主任都扮演着思想导师、道德楷模、传道授业解惑者等一系列的角色，无论哪种角色都脱离不开"教育"这一根本主题。苏霍姆林斯基曾说过："造成教育青少年困难的最重要原因，在于教育实践在他们面前在以赤裸裸的形式进行，而处于这种年龄期的人就其本性来说，是不愿意感到有人在教育他的。"这就要求作为教育工程的设计者、教育过程的组织者的班主任，必须不断转换自己的角色，创造含蓄的教育空间和形式，将各类具有内省性、感应性、激励性、暗示性的教育内容有效地倾注于学生心灵之中，使学生在不知不觉中通过为其喜闻乐见的方式接受真、善、美的教育，从而达到润物细无声的教育效果。然而，受师道尊严等传统教育思想的束缚，很多班主任在学生面前都努力保持着一副高高在上的统治者的形象，以此强调班主任就是权威，学生对班主任的决定必须无条件地服从，容不得有半点儿质疑。班主任的这种独裁形象只能让学生心存忌惮，进而对其敬而远之。因此，班主任要善于接受新的教育理念，及时转变自己，努力使自己成为学生成长的引导者、促进者和合作者。只有这样，班主任才能真正地走进学生的心灵。

其次，如今的高中生更喜欢用挑剔和求全责备的心态来对人、对事，他们时刻拿着放大镜准备发现教师的不足以满足其逆反心理。虽然他们没有较好地遵守某一个规定或达到某一种境界，但却苛刻地要求班主任在各方面都要表现出色。由此，班主任在把自己看成是班级中平等的一员的基础上，必须规范自己的言行，严格地遵守班级的各项规章制度，使自己成为一名真正有说服力、完全可以起到榜样作用的人。只有这样，班主任才能获得学生的认可、接纳和爱戴。相反，如果班主任平时不注重自己的言行，在学生面前说的是一套，而做的是另一套，甚至在某些方面做得比学生还差，而且总利用自己的特权为自己开脱、掩饰，那么最终他就会被学生疏远。

其实，班主任之所以要努力使自己成为班级中平等的一分子，根本目的还在于将言传身教的作用发挥到极致。学生最在乎的赞赏与批评必定是来自他所欣赏或钦佩的人。当班主任被学生们视为心目中最美好、最高尚的人时，班主任在处理班级事务时便可以不怒自威，许多道德观念便可以轻而易举地深入学生的内心。

迟到是班级管理中最常见的问题之一。以前的迟到情况，多是班主任当"警察"，学生当"小偷"。当"警察"抓住"小偷"时，就会严肃地用班规去惩戒"小偷"。不过，今天的情况比较特殊，平日里的"警察"——执法者和监督者，居然迟到了，而且还被学生们看在眼里。从学生们的眼神里可以看出，他们都急切地想知道班主任会怎样惩戒自己。其实，班主任惩戒自己的方式会给学生带来很大的影响。

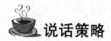 说话策略

1. 下下策

班主任没有想太多，感觉自己又不是故意迟到的，不需要太多的解释，于是敷衍道："同学们，今天的晨跑课，老师本来是提前了几分钟的，但是突然肚子疼，去了趟洗手间，所以耽搁了几分钟，使我们班因为'群龙无首'而被点名批评，希望大家见谅！"

采用这种说话策略，班主任虽然说的都是事实，但是会让学生听起来觉得非常熟悉，这不就是他们平时所用的"绝招"吗？作为班主任，每当我听到迟到的学生说出肚子不舒服、忘了定闹钟或车胎爆了等理由时，总会觉得学生是在胡编乱造一些客观理由，目的是找借口，进而逃避惩罚。如果班主任也采用这种学生惯用的"伎俩"，就很难让所有学生都信服老师的说法。再者，如果以后某些学生迟到了，也说自己闹肚子不舒服，班主任又该如何处理呢？虽然我们平时教导学生做人要真诚，但是，遇到今天的这种情况，班主任如果实话实说，就会让某些学生认为班主任很虚伪。需要强调的是，这里不是说师生之间不应该互相信任，而是说从青少年的心理特征进行分析后发现，他们往往对班主任的言行要求得比较苛刻。

2. 中策

班主任认为，虽然自己平时是"执法者"，但今天却是"违法者"，所以打算把判决的权力交给学生，于是说道："同学们，今天的晨跑课，老师迟到了几分钟，给班级抹了黑。平时大家迟到时，都是我当法官，今天我违反了班规，就请大家当法官。请纪律委员带领大家认真处理，不要因为我是班主任就从轻处罚。"

采用这种说话策略，班主任是想公开、公正地处理此事，以彰显班级管理中的民主。班主任的出发点是好的，这会让学生看到班主任惩罚自己的决心，从而让学生感觉到班主任和他们一样，没有任何特权，在班规面前人人平等。不过，班主任虽然是想公正、民主地处理此事，但如果从另

外一个角度考虑，班主任还是在搞特殊化。因为现在的"执法者"变成了以纪律委员为核心的学生，他们到底应该如何惩罚班主任呢？如果严格按照班规处理，他们一方面会觉得没那个必要，另一方面会觉得可能会"得罪"班主任；如果不按照班规处理，而给班主任一点特殊照顾，他们又会觉得这样不太合适。总之，班主任把皮球踢给学生之后，会让学生很为难。

3. 上上策

班主任觉得自己必须要做到以身作则，于是底气十足地说道："同学们，今天的晨跑课，同学们都能按时到达场地，而我作为班主任却迟到了，我们班级还因此被政教处点名批评，我为自己给班级抹黑的行为向大家道歉。我向大家保证以后参加集体活动时不再迟到，请大家监督我。为了惩罚我的过失，我主动要求按照班规从重处理，罚自己值日一周，请卫生委员从明天开始给我分派任务！"

采用这种说话策略，班主任是以真诚的态度向学生道歉，想以此换取学生的理解、信任和爱戴。这样就做到了以身作则，起到了模范带头作用，对学生行为的规范、优良品质的培养和班级管理执法信誉的维护，都有着积极意义。我们要求学生真诚，我们自己首先要真诚；我们要求学生要敢作敢当，我们自己首先要敢作敢当；我们要求学生遵守纪律，我们自己首先要遵守纪律。另外，如果采用这种说话策略，将来再遇到类似问题时，班主任就可以底气十足地教育学生。

9. 要出台不太人性化但很奏效的规章

> 我们要把智慧变成切实有效的行为规范，让问题学生在规范的约束下慢慢培养品德、规范行为、提高成绩。

情景再现

开学初，有几个学生经常违反校规，比如上课睡觉、不参加晨跑、上课玩手机等等，不仅影响班级荣誉，还影响其他同学。个别学生一天之内两次违反校规，班级四项竞赛分数因此总被扣分。我找他们个别谈话，他们听得很认真，并保证会改正，但是仍然不停地犯错。由此，我感到自己的话太过于温柔、无力。在开学初，班主任工作的重中之重就是要让学生收心并规范学生的行为。如果此时不能及时地让他们遵守纪律，以后管理班级就难上加难了。我向其他班主任请教，有经验的班主任建议我下几剂"猛药"。我思考、论证之后欣然接受他们的建议。这其中之一就是建立严格的引导和惩罚制度。我召集了所有的班干部，结合其他班级的宝贵经验，拟定了如下规章：

1. 从即日起，凡是因迟到、上课睡觉、玩手机、旷课等原因被政教处扣除四项竞赛分数的学生，以及被班主任在巡视期间发现有上述行为者，除了将被班主任公开批评外，还要被罚抄写英语单词（以目前所学单词为主，由被罚学生任选）。

2. 竞赛分数被扣0.5分的，被罚抄写一个单元单词，每个单词抄写五遍；被扣1分的，被罚抄写一个单元单词，每个单词写抄写十遍；被扣1.5分的，被罚抄写一个单元单词，每个单词抄写十五遍。

3．以天为单位计算被扣除分数，若因个别学生一天被扣除2分及以上者，将请其家长共同对其进行教育。

4．每天最后一节晚自习由班主任通知犯错学生被扣总分数以及被罚抄写次数，次日最后一节晚自习将所抄写单词交给班主任检查。

5．抄写必须字迹工整，包括序号、单词及翻译，凡弄虚作假或偷工减料者将被加倍处罚。

6．凡在规定时间内不能按时上交者，除非有不可抗拒的因素，班主任将电话通知其家长，并上报政教处给予留档处分。

7．当大家违反班规校纪的次数大幅减少并保持在一个较低的水平时，经班委会研究决定后，该惩罚条例将自动废除。

8．条例面前，人人平等；惩罚不是目的，真心希望我们班没有人被惩罚！

☕ 情景分析

一直以来，我对将学生分成三六九等的做法都比较厌烦。但是，不可回避的一个现实问题是，大部分学生的确很好教育，但有一小部分学生却屡教不改。一般情况下，学习成绩优异的学生行为习惯也比较好，多数比较好教育；而学习成绩偏差的学生往往行为习惯也比较差，多数属于屡教不改的类型。自然而然地，前一类学生"人见人爱"，他们不仅让老师省心，还能让老师产生自豪感、成就感以及幸福感；而后一类学生便容易让人心灰意冷，他们不仅让老师费心，还不断给老师制造麻烦，让老师产生挫败感。然而，教育要面向全体学生，任何放弃问题学生或无视、逃避教育疑难问题的行为都是不负责任的，况且后一类学生更需要教师的关爱以及帮助。

"不管黑猫白猫，抓住老鼠的就是好猫。"在面对第二种类型的学生时，老师不仅要有爱心，更要有智慧。我们要把智慧变成切实有效的行为规范，让问题学生在规范的约束下慢慢培养品德、规范行为、提高成绩。当然，所有的行为规范都应以不伤害学生的身心为前提。

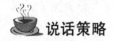 **说话策略**

1. 下下策

班主任认为对待屡教不改的学生没必要说太多客气话，于是以十分强硬的态度吼道："班级是一个集体，要靠大家共同维护，但是部分学生总是屡教不改，屡次给班级抹黑。说得严重一点，你们这是素质问题。我真不知道一个屡教不改的人将来能干些什么！你们难道没有羞耻感吗？不知道一个屡教不改的人到底拥有怎样高尚的父母！既然你们不热爱集体，也别怪集体不爱你们。今天我们出台这项规章，完全是被这些屡教不改的同学逼出来的！你们要为自己的行为付出相应的代价！"

采用这种说话策略，班主任就不仅孤立了自己，还损坏了自己的形象。我们也曾经做过学生，我们知道，学生最讨厌班主任时不时把犯错和人的素质联系在一起，并且由学生的素质联想到其父母的素质，因为这些都是具有攻击性和侮辱性的行为。这样说话，班主任虽然可以逞一时口快，但极有可能招来部分学生的联合抵抗，从而使新规章濒临夭折。

2. 中策

班主任认为，每出台一项惩戒制度时，关键是要给学生留下深刻的印象，而如果能让学生有点儿畏惧就更好了，于是严肃地说道："为了给大家创造一个良好的学习环境，针对最近班里频繁出现的违规、违纪现象，经班委会研究，我们制定了上述制度。既然这项制度对大家都有利，那么我们就要监督、执行好它。从即日起，所有的违规、违纪现象都要坚决按照既定制度执行，绝不姑息纵容。如果有同学拒不遵守此项制度，我一定会在他的档案里如实记录。大家都知道，现在高考制度已经改革了，高校在录取学生时，除了要看高考成绩外，还要看学生的综合素质。而评价一个学生素质高低的主要材料就是学生的电子档案，大家可以想一想，一个天天迟到、天天旷课的学生怎么会被优秀的大学录取？"

采用这种说话策略，班主任就把大部分的力气花在了"吓唬"学生上。这样做肯定会让学生对新出台的制度有所忌惮，从而在以后的日子里行为有所收敛。也就是说，采用这种说话策略，可以达到用严明的纪律来遏制学生频繁犯错的目的。但是，教育的最高境界是让学生对老师"心悦诚服"，而采用这种说话策略和进行威逼利诱没什么区别。相信学生也会对这项新制度有所反感。由此可见，这种做法是在利用制度"管人"，而非"引导人"。

3. 上上策

班主任认为，这项制度是班主任强行出台的，已经让学生对其有所反感，所以首先应该让学生心平气和地接受它。于是，班主任微笑着说道："我们班级是一个由五十位成员组成的集体，为了更有效地给大家创造一个良好的学习环境，也为了切实地提高班级的整体形象，帮助部分同学改掉屡屡犯错的陋习，经班委会研究，我们草拟了这样一项制度。事实上，出台这项制度，我们是经过深思熟虑的。违规、违纪的学生既不被罚写检讨，也不被罚扫地，为什么呢？因为这些对大家的进步没有太多实质上的意义。但是，记英语单词就不一样了，部分同学的英语基础比较差，出台这样一项制度，还可以帮助这些同学巩固知识，希望大家能够理解。当然了，既然出台了新的制度，那么如果还有敢于'以身试法'的同学，我们就绝不会'心慈手软'。对于个别同学的违纪行为，我一定会如实地记录在他的档案里。大家都知道，现在高考制度已经改革了，高校在录取学生时，除了要看高考成绩外，还要看学生的综合素质。而评价一个学生素质高低的主要材料就是学生的电子档案，大家可以想一想，一个天天迟到、天天旷课的学生怎么会被优秀的大学录取？我不是想吓唬大家，而是想提醒各位同学，希望你们在学习和品德上都能进步，这才是我们出台这项制度的最终目的。刚才说过，我们只是草拟了这项制度，现在就请大家讨论，以便进行必要的修改。"不管学生怎么讨论，班主任都要把好关，不能让这项惩罚制度丧失约束力。

采用这种说话策略，班主任是想消除学生对新制度的抵触情绪。只有消除了学生的抵触情绪，新制度才能顺利实施，也才能使其起到更好的效果。

10. 学生向自己借钱

> 根据我对小圆的了解，离家出走、购买有害物品等情况基本上可以排除，不必担心；但是对于师生之间关系的隐性破坏以及各种安全问题则不得不考虑。

 **情景再现**

今天是双周的周四，明天就要放假了。按常理说，学生应该不需要太多的钱了，因为他们明天就可以回家了。但是，偏偏在这个时候，小圆来向我借钱，而且一下子就要借两百元钱！

当时是下午的第三节课，我没有课就待在办公室里批改作业，正当我批改得昏天黑地的时候，小圆在门口响亮地喊了一声"报告"。我心想，这个女生平时说话声音挺小的，今天怎么这么大嗓门？我一边批改作业，一边招呼她进来坐在我对面的板凳上。她缓缓地坐下来，慢慢地说道："我刚才喊了几遍报告，老师你都没听到，所以我就大声喊了一下。没吓着您吧，老师？""想得挺周到，不过你太客气了。老师没有被你吓着。"我回答着她的问题，同时也对她的行为加以简单的评价，这是我一直以来的习惯。我刚回答完她的问题，她就直奔主题了："老师，您比较忙，我就直说了，我想向您借两百元钱！"

"向我借两百元钱？为什么需要这么多钱啊？"不管怎么样，我都要先问明情况。

"老师，这是一个小秘密，能不能不说啊？而且我也不想让我家长知道，大概要等到这学期结束我才能还您。请老师帮帮我。"小圆挠着头，微笑着说道。

我们班设有班级银行，平时学生遇到经济困难都是向班级银行借钱。但是为了防止出现什么问题，我们规定最大借款额不得超过五十元，并且要得到我的批准；如果要借更大数额的钱，必须要经过家长的允许。看来，班级银行解决不了她的问题，所以她就过来找我了。我在脑海里迅速地搜索和甄别着有关小圆的信息。虽然我只当了她两个月的班主任，但我可以看得出来，小圆不是那种让父母和老师不放心的学生。虽然她平时做事有点儿疯疯癫癫，但绝对不会出现任何原则性的问题。另外，她是一名外向、开朗的女生，心胸比较开阔，虽然处于青春期，但看起来并没有什么不对的地方，她应该不会做出什么过激的事情。我又看了看她的气色和神情，她肯定没生病。这几天她又不过生日，如果要添置新衣服，她也可以光明正大地向家长说明情况……

☕ 情景分析

根据我的经验，很多班主任之所以重视学生借"巨款"这样的事情，主要有几点顾虑：第一，担心学生用这些钱离家出走，比如，学生因为考试失利、感情失意、同学之间关系紧张或者早恋等问题，想到外地去"享受"生活。第二，担心学生用这些钱购买一些可能会伤害自己的物品或者进入一些不适宜未成年人进入的地方，比如，购买黄色音像制品、毒品，去按摩室等。第三，担心学生的"巨款"外露而威胁到其人身安全，比如，被不法分子跟踪、要挟等。第四，担心借钱会影响师生之间关系的和谐。因为一旦借钱给学生，那么师生之间就会在无形之中形成债权关系，而如果学生长期不能归还欠款，就很可能导致师生之间出现一些尴尬的情景，进而严重影响师生关系的和谐。比如，班主任在班级日常管理中，很可能在不经意间会提到有关借钱、还钱的事情，这样，借钱的学生可能会敏感地认为老师在暗地里提醒他还钱，从而认为老师小气、不厚道、缺乏爱心等。当然，如果学生有正当的理由，比如给好友买贵重的生日礼物、家长一时手头不宽裕等，班主任则没必要大惊小怪。

根据我对小圆的了解，离家出走、购买有害物品等情况基本上可以排除，不必担心；但是对于师生之间关系的隐性破坏以及各种安全问题则不得不考虑。

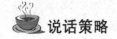 **说话策略**

1. 下下策

班主任觉得不借钱给学生可能会招来学生的埋怨，甚至是鄙夷，更何况小圆还是自己一直很信任的学生，于是爽快地说道："既然你不想告诉老师你借钱的原因，那老师也就不再追问了。老师决定借给你钱，因为根据老师对你的了解，你是一位值得老师信任的学生。"

采用这种说话策略，班主任充分地显示出了自己对学生的信任，在一定程度上也会获得学生的信任、感激和爱戴。但是，学生借钱的原因到底是什么，班主任还是被蒙在鼓里。虽然班主任很了解这位学生，但是"智者千虑，必有一失"。如果不出差错，那么班主任就是做了一件好事，这也是最好的处理方法；但是，万一出了差错，班主任可就百口莫辩了，到那时，这种说话策略也就成了最坏的处理方法。

2. 中策

班主任觉得遇到这样的事情必须要慎重，于是说道："小圆，在遇到困难的时候，你能来找老师帮忙，说明你很信任老师，这一点老师感到很欣慰。但是，我是你的班主任，有一些安全问题老师必须考虑到。老师可以满足你的要求，借给你两百元钱，但是你要告诉我借钱的理由，否则我不能借给你。更何况，只要是正当的理由，有什么不可以说的呢？当然了，老师答应你，肯定为你保密！"

采用这种说话策略，班主任是想进一步调查小圆借钱的原因并辨别真伪，以便做出是否借给她钱的决定。这种说话策略虽然有点儿古板，学生可能会因此而责怪、疏远班主任，但这也已经是仁至义尽的方法了。

3. 上上策

班主任觉得凭借自己对小圆的了解，可以借给她两百元钱，但是必须有个前提条件，于是说道："小圆，在遇到困难的时候，你能来找老师帮忙，说明你很信任老师，这一点老师感到很欣慰。你刚才说不想告诉老师你借钱的理由，那么老师也不方便再问下去，因为你们这个年龄的人，有很多的小秘密。但是，如果你身上带了两百元钱，一个人回家，老师有些不放心。不如这样，老师借给你钱，但你要答应我下面几个条件：第一，明天放学后，你一个小时左右就可以到家，也就是在六点以前，请你用你家里的座机给我打个电话，这样我就能确认你安全地到家了；第二，星期六中午 12 点你再用你家里的座机给我打个电话，当然如果你爸爸亲自给我打个电话就更好了。你放心，老师会为你保密，老师只不过想确认你安全地待在家里；第三，周日中午 12 点你再用你家里的座机给我打个电话；最后，你必须给老师留下一个字条，保证这笔钱完全用于正当的事情，这样老师才能放心。老师婆婆妈妈地说了这么多，你可能会觉得老师很古板，但我是你的班主任，必须为自己的行为以及你的安全负责，不知你能不能理解？另外，需要说明的是，如果以后老师不经意间在班里因故公开说有关借钱和还钱的事情，希望你不要多想。老师要把这些话说在前头，以免引起你的误解。"

采用这种说话策略，班主任是在排除了小圆会离家出走或购买有害物品的基础上而决定的。虽然班主任比较了解小圆，但还是有必要采取措施预防问题出现，万一出现差错，也好及时弥补。一般情况下，学生是不会向老师借钱的，而一旦学生张口向老师借钱，就说明可能会发生很多特殊情况，这些班主任都不得不预防。

11. 学生向自己告状

但是，对于高中生来说，他们轻易
不会到老师那里告状，因为如果事情并
不严重，他们往往可以自行调解。

☕ 情景再现

小月是一个很特别的女生，我之所以说她特别，是因为她曾经向我提出的"无理要求"。开学一周后，小勤过来找我为小月求情，她说小月是一个很胆小的女孩，不喜欢在课堂上被老师点名回答问题，希望老师以后在课堂上不要提问她。我觉得这件事有点儿蹊跷，因为毕竟都是高二的学生了，马上就是成年人了，不管出于什么原因，都不应该有这样的想法。两天之后，我找来小月谈话，想调查一下事情的真正原因。小月对此也不隐瞒，一五一十地向我说了出来。原来，小月在读初一的时候，遇到了一名优秀的数学老师，由于小月很喜欢这位数学老师的教学风格，再加上自己的努力，她取得了不错的数学成绩。于是，每次遇到比较难的问题时，那位数学老师总喜欢提问小月，小月也感到非常的自豪。但是，在初一下学期的时候，小月生了一场病，耽误了一段时间的学习。回到学校后，数学老师再把比较难的问题交给她时，她每次都答不出来。小月因此感觉很没面子，认为老师和同学都会因此而看不起她。而那位数学老师又偏偏喜欢提问小月，这使得小月一上数学课就开始紧张，担心老师提问自己。慢慢地，这种心理又蔓延到其他学科，在课堂上对提问的恐惧使小月无法专心听讲。除非她确认老师今天不会提问她，她才能够安心地学习。

就是这么一位特别的女生，第一次月考后主动来找我，请求我给她调换座位，原因是同桌小凡总在背后说人坏话，全班女生没有几个喜欢和她交往的。小月说得头头是道，还举了好几个例子，反复要求我给她调换座位，说自己不想和不受欢迎的人坐在一起。

情景分析

"告状"的现象经常发生在低年级学生中，由于缺乏理性思维，情感容易外露以及性格、志趣、气质各不相同，他们往往因为一点儿小矛盾或一些鸡毛蒜皮的事情就会到老师那里告状，要求老师评理并惩罚对方。但是，对于高中生来说，他们轻易不会到老师那里告状，因为如果事情并不严重，他们往往可以自行调解。

有关调查表明，导致高年级学生告状的原因主要有以下几种：首先，学生之间发生了不可调和的矛盾，而且一直不能消除。为了解决问题并希望对方受到应有的惩罚而向老师告状。比如，张三借了李四五十元钱，但是到期了不仅不还，还要赖皮，这导致了李四气鼓鼓地向老师告状。其次，当身边的同学比自己优秀时，学生往往会产生嫉妒心理，进而利用一些被夸大了的事实去诬告别人。比如，每当评选"优秀学生"、"先进个人"时，个别学生总会说一些学生冷漠、自私以及不关心集体等等，认为他们根本没有资格参评。再次，由于思想观念、生活习惯、兴趣爱好等方面的不同，个别学生看别人"不舒服"，故而告状以表达自己的反感。最后，个别学生由于在纪律、学习习惯以及性格等方面的确存在很多缺陷，常常做出一些有损别人利益的事情。出于关心和帮助的目的，一些正直的学生也会向老师告状，希望能引起老师的重视并帮助问题学生，实现班集体利益的最大化。因此，当学生前来告状时，老师一定要沉着、冷静地处理，争取彻底弄清楚前来告状学生的心理以及有关事件的来龙去脉。同时，教师应在不伤害任何一方自尊的前提下，努力提高矛盾双方的思想认知水平，逐步解决问题，切不可操之过急。

以我对小月的了解，虽然她的性格比较内向，而且敏感、多疑，但她还不至于故意搬弄是非来诬陷别人。在小月来告状前，我已经对小凡的事情有所耳闻，而且还通过几位同学了解了一些情况。小凡虽然喜欢说一些张家长李家短的事情，但并没有什么恶意。她以前曾说过副班长小斌的坏话，但是有几次她也很认真地说小斌是自己的好朋友。也就是说，小凡的这种行为是出于"好玩"的心理。值得一提的是，小凡今年十五岁，是班里最小的女生，其他女生大都十七八岁，年龄之间的差距也可能是众多女同学不喜欢她的原因。

然而，既然现在小月来向我告状，我就不能置之不理。

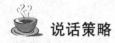 **说话策略**

1. 下下策

班主任认为同学之间应该互相体谅、互相关爱、互相包容，于是好心地建议道："小月啊，如果我现在把你调开，小凡心里会怎么想？她会不会觉得同学们都很讨厌她，而且班主任也对她不满意，要不然怎么现在把她的同桌都调开了呢？你说小凡会不会感到很伤心呢？作为班主任，我不仅要为你考虑，也要为小凡考虑。小凡虽然喜欢说一些张家长李家短的事情，但她并没有什么恶意。以前她还说过小斌的坏话呢，但是有几次她都认真地说小斌是她的好朋友。所以，老师想请你体谅她、包容她，毕竟大家在同一个班级里学习，这说明大家很有缘分，没必要为这种小事情而耿耿于怀。"

采用这种说话策略，班主任的目的在于使班级同学之间更加团结并且相互尊重，这在一定程度上可以去除某些学生思想深处的"污垢"。但是，面对性格多疑的小月，虽然班主任是在很客观地陈述事实，但通篇都在为小凡说好话，这样会给小月带来怎样的感受呢？再者，既然小月已经找到班主任要求调换座位，这说明她们之间的矛盾已经激化到一定程度了。如果班主任还这样强行把她们排在一起，就极有可能导致她们之间爆发更严重的冲突。倘若这样，班主任就好心办了坏事。

2. 中策

班主任认为小凡应该对这件事情负主要责任，但又想缓解两个人之间的矛盾，于是说道："小月，你今天反映的事情，老师在此之前也有所耳闻。小凡的确喜欢在背后搬弄同学的是非，搞得其他同学都对她很不满，所以老师现在能理解你的心情，下次调换座位的时候我会把你们调开。但是，老师也有一个要求，作为同班同学，你们应该相互体谅、包容。虽然小凡有很多缺点，但她在品德方面没有任何问题，所以你以后不能不理小凡，也不能孤立小凡，而应该帮助她改掉这个坏毛病，好吗？"

采用这种说话策略，班主任主要是在分析小凡的过失，而回避了小月应该承担的责任。这样做不至于使小月的心情不平衡，也为小月接受班主任的建议打下了良好的心理基础，从而为解决同学之间的矛盾创造了良好的条件。然而，班主任的话并不能让小月客观地认识这件事情。

3. 上上策

班主任认为既不能委屈小月，也不能伤害小凡，于是说道："小月，你说的这个情况老师以前也遇到过，老师很理解你的心情。不过有一点不同，小凡和你是同桌，我说的是上学时和我同寝室的一个同学。我的那个同学很邋遢，袜子一周才洗一次，脱下来之后还随处乱扔。当时我们寝室的人都很讨厌他，特别是我，因为我和那个同学离得最近。他很喜欢打篮球，每次他一脱鞋，寝室里的臭味都能熏死蚊子。刚读高一那会儿，我们都不了解他，也没有跟他说，但是都想转到别的寝室。到高一上学期结束的时候，寝室里的七个人已经转出去了两个。我们剩下的四个人就在一起商量，觉得我们不可能都转出去，如果那样做的话，会伤害他的自尊。于是，大家就在一起商量解决问题的办法，有人提议说以后大家都不理他、孤立他，让他转出去。但是，我们考虑来考虑去，觉得那样做也不合适。这时有人提议说，虽然我的那个同学有点儿内向，但是我们也要直接跟他把问题说明白，让他改正，要不然他以后上大学或走上社会，还会遇到同样的问题。于是，我们几个就告诉他邋遢的坏处，并帮他制定了一些改进措施，比如袜子一天一洗，把打球时穿的鞋子用塑料袋装起来等等。那个同学很开心地接受了我们的建议，问题也就轻松地被解决了，并没有我们当初想象得那么难，而且我们后来都成了铁哥们儿。老师跟你说这件事情，没有别的意思，就是想告诉你，人无完人，每个人都不可能是十全十美的。只要品德上没有问题，那么我们就要想办法帮助他，尤其是自己的同学、朋友和亲戚。刚才你说要调换座位，这是件小事，下周班级统一调换座位的时候，我会合理安排的。但是，老师想拜托你一件事。你能不能联合其他一些女同学，找一个适当的机会，把事情跟小凡说清楚，特别是告诉她在别人背后搬弄是非的坏处，帮助她改掉这个缺点。虽然她比你们年纪小，我想她还是能理解大家的好意并尽快改正的。当然，如果出现了什么小插曲，老师随时会做小凡的思想工作，好吗？"

采用这种说话策略，班主任是在用自身的经历告诉小月为人处事的基本道理。这样既帮助小月化解了难题，又提高了她的思想认识水平；同时，为小凡改正缺点、完善自我也创造了一个良好的外部环境，把"告状"这件事转化成了让学生认识错误、弥补不足的好事。

12. 学生认为老师是在有意针对他

> 如果老师频繁地采用这些方法，虽然目的在于帮助学生，但往往会让学生认为老师是在有意针对他。

情景再现

　　小杨性格比较内向，平时喜欢打篮球，和同学之间的关系也不错，是一个安分守己的学生。因为他在各方面都不"显山露水"，所以在开学近一个月的时间里，我都没怎么关注过他，每次和他谈话也都是例行公事。我开始注意到他是在他第一次请假的时候。当时学校要开秋季运动会，在此之前我已经三令五申过，在开运动会期间一律不得请假。但是，在开运动会的前一天晚上，小杨还是"毫无顾忌"地来找我请假。他刚把"请假"两个字说出口，我就愤怒地制止了他，并且说："一律不准请假"。听完我的话，小杨默默地走了。当时，我正在批改作业，过了一会儿，我感觉有点儿不对劲，于是赶快跑到教室里，走到小杨身边，才发现小杨的脸通红，好像发烧了。我问他有没有发烧，他头也不抬地说"没事"。看来，他生我的气了。我把他的同桌叫了出去，问了一下小杨的情况。他果然发烧了，不过，只是普通的感冒。我马上跑到学校门口的诊所，抓了一副感冒药，又急忙跑回来把药送给小杨，并告诉他，我抓来的是感冒药，如果身体还有其他地方不舒服，最好到诊所里检查一下。我说完后，小杨抬头看了我一眼，深情地说道："老师，谢谢您！"第二天下午，小杨主动请缨参加了接力赛，而且跑得很快。事后，我再次找到他，"狠狠"地批评了他一顿："自己都生病了，怎么还能参加比赛呢？"我说完后，小杨不好意思地笑了。看来，那一包药不仅治好了小杨的感冒，还消除了我们俩之间的隔阂。这些都是上个学期的事情。

这个学期，小杨好像变了一个人似的，竟然在课堂上睡觉。一开始，他只是在其他老师的课堂上睡觉，后来，他竟然在我的课堂上也睡了起来。为此，我把他喊到办公室，问他怎么回事，他倒也不隐瞒，说感觉自己考不上重点大学，不想读书了。我尽量去开导他，但他仿佛打定了主意，仍然在上课时睡觉。于是，我一发现他在课堂上睡觉，就罚他到后面站五分钟。虽然几次罚站之后，小杨不睡觉了，但是他的两眼却直愣愣的，丝毫没把心思放在学习上。于是，我有意多让他回答问题，但是他也回答不上来。我只好找他谈话，动之以情、晓之以理地说了许多，但是，他依然面无表情。此时，作为教师，我感到很无奈。于是，我打电话给他的家长，希望能获得一些信息。让人出乎意料的是，他的家长觉得他没有能力考上重点大学，就不想让他读书了，想让他这学期读完就退学。难怪小杨会变成这样！

尽管在此，小杨的表现也实在让我很生气。他为什么不努力学习，用事实来证明自己能行呢？之后，每次我在课堂上发现他想睡觉或走神的时候，就会提醒他，希望他能振作起来。一天的自习课上，我无意中发现小杨在看不健康的小说，就悄悄地把书没收了，并告诉他下课后去找我。下课后，小杨来找我，说书是他从外面租来的，请我还给他。看着他现在颓废的样子，我有些着急，于是十分严厉地批评了他，没想到他却说："老师，其他同学都说，你最近有意针对我！"

情景分析

根据教育实践的经验，不管出于何种原因，如果学生长期对老师的批评、引导置之不理的话，老师就会采用一些更加激烈的方式去"打动"学生，以促使学生翻然醒悟，比如，在课堂上公开点名批评学生，经常指责、激励学生等等。如果老师频繁地采用这些方法，虽然目的在于帮助学生，但往往会让学生认为老师是在有意针对他。学生之所以会有这样的想法，主要有三个原因：首先，如果老师频繁地批评、指责、惩罚某一个学生，当事学生就会简单地认为，因为老师讨厌他，所以才故意不放过任何一个让他难堪的机会，让他当众出丑。其次，当事学生只看到老师经常批评、指责、惩罚他，并没有进行相应地自我反思，以致把老师批评、指责、惩罚他的理由看作是被老师夸大了的，甚至有一些是被捏造的，从而认定老师是在有意针对他。最后，老师在批评、指责、惩罚当事学生时，可能没有注意到其他犯同样错误的学生，以致当事学生在心理上极不平衡，觉得老师是在故意刁难自己。由以上三点我们可以看出，如果从学生的角度考虑这个问题，老师在教育方式上也存在不妥之处。

当我听说小杨责怪我是在有意针对他时，我觉得很冤枉，我完全是出于一番好意。亏我以前对小杨那么好，他竟然认为我是在有意针对他。但我转念一想，小杨有这种感觉，说明我的教育方式的确有问题，这是值得深思的事情。我的教育方式可能过于简单、粗暴。

 ## 说话策略

1. 下下策

班主任觉得自己的一番好心被小杨误会了，于是冷冰冰地说道："我没想到你会这么想，对此，我不知道该怎么说，请你以后好自为之吧！我以后不会再管你了。"

采用这种说话策略，班主任表面上是放弃了对小杨的教育，但实际上是放弃了对自身形象的维护以及对教育的追求。首先，班主任并未对自己的行为进行解释，这种做法会让小杨进一步认定他的想法是正确的，从而使他产生鄙视班主任的情绪，这会使班主任在小杨心目中的形象大打折扣。其次，作为教师，对待学生应该有足够的宽容心，如果采用这种说话策略，即使小杨能感觉到班主任的一片好心，也会觉得班主任太小气。这也有损班主任的形象。最后，作为教师，无论在什么时候，都不能放弃任何一个学生。班主任的这种做法，实际上是违反了教育的最基本的原则。

2. 中策

班主任觉得自己很冤枉，想替自己解释一下，于是说道："小杨啊，你说老师是在有意针对你，那我就跟你说一说我最近几次批评你的原因。就比如说今天吧，你在自习课上看不健康的小说，违反了班规，不仅自己不学习，还影响别人。老师没收你的小说，也是我们的班规规定的。再者，如果你不看不健康的小说、不睡觉、不违反其他班规，老师就是想有意针对你也找不到理由啊。所以，希望你能从自身找一找原因。"

采用这种说话策略，班主任是在客观地分析这件事，这在一定程度

上可以让小杨认识到问题的实质，从而改变小杨的错误认识。但是，如果采用这种说话策略，班主任就有点公事公办的味道，缺乏人情味。即使班主任的话能够改变小杨的想法，也会让小杨觉得班主任不是真的关心他，因为班主任的话传递了这样一个信息——班主任是管理者，而小杨是被管理者。

3. 上上策

班主任觉得此时此刻应该让小杨明白老师的良苦用心，打算先让小杨回忆一下师生之间的感情，于是微笑着说道："小杨啊，我们俩认识也将近一年了，你还记得我们俩从什么时候开始真正打交道吗？老师记得很清楚，那是在学校开秋季运动会的前一天晚上，你发烧了，跑到办公室找我请假。我以为你是不想去运动场为班级学生加油，所以都没给你解释的机会，就说一律不得请假。当时你一句话没说，回头就走了。后来我感觉不对劲，就到教室里去了解情况。当得知你真的感冒了的时候，我感到无比的自责，迅速跑到诊所去给你抓药，后来，你还对我说谢谢呢。一直以来，我们俩的关系都不错。但是这学期，你好像换了一个人似的，我找你谈过几次话，但都没什么效果，你还是经常犯错。之前，我给你父亲打过电话，知道了他感觉你考不上重点大学，所以不想让你读书了。作为你的班主任，我一直都感觉你是一名不错的学生，所以才想通过各种手段让你振作起来，想让你用事实去证明你可以考上重点大学。但是，你没有丝毫的改变，所以老师心里很着急啊，怕你因此失去了读书求学的机会。当然了，在帮助你的过程中，老师的教育方式也有些简单、粗暴，所以才会让你有这种想法。"

采用这种说话策略，班主任就是在"动之以情"的基础上"晓之以理"，相信小杨会因此消除对班主任的成见，因为班主任对他真的"没坏心"。班主任的这种坦白，不管是对自身形象的维护，还是对小杨的成长，都大有裨益。

13. 学生因被公开批评而羞愧流泪

作为一名男性班主任，自从走上工作岗位以来，我对于有关女生的工作总是小心翼翼，生怕一不留神而伤害了任何一位女生。

情景再现

今天，婷婷在课堂上说了三次话。第一次，我只是看了她一眼，并没有说什么。谁知不一会儿她又说了一次话，我就特意走到她身边提醒她。当她第三次说话的时候，我就点名批评了她。被点名批评后，婷婷竟然偷偷地掉起了眼泪，这让我始料未及。

婷婷是一个活泼、开朗的女生，学习也比较努力，但就是自控力很差，每次上课时我都会听见她"叽叽喳喳"的声音，老师和同学也经常向我反映她上课说话。每次调座位的时候，总会有同学跑来对我说不想和婷婷坐在一起。为此，我还专门找她谈了好几次，帮她分析原因并寻找对策，要她尽量约束自己，最起码要做到在上正课时不打扰老师，上自习课时不影响其他同学。可是，这样的谈话只能在两天之内有效果，第三天，她就又开始"肆无忌惮"地"叽叽喳喳"了。

通过和婷婷一段时间的接触，我发现这个女生身上有很多优点，比如打扫卫生时积极主动、关心班集体、人际交往能力强等等。但是，她最大的缺点就是控制不住自己，总要说话。对此，我感觉比较头痛。

今天，她多次在课堂上说话。在我提醒、教育无效的情况下，我公开地批评了她，但实在没料到她会因此而掉眼泪。

情景分析

经验表明，女学生被老师批评时流泪主要有三种情况：第一种是女学生因为自己被冤枉觉得很委屈，这一般是由于老师没有了解真实情况而妄下结论，最终导致了"冤假错案"。第二种是女学生听了老师的批评后觉得很羞愧，这一般是由她们较强的自尊心和敏感、脆弱的性格所引起的。第三种是女学生对自己的行为感到十分悔恨，这一般是由女学生通过对自己过错的反思而引发的自我谴责。因此，在女学生被老师批评而流泪时，老师要及时对其进行有效的解释、安抚和开导，并对其进行必要的短期观察，以免发生意外。

作为一名男性班主任，自从走上工作岗位以来，我对于有关女生的工作总是小心翼翼，生怕一不留神而伤害了任何一位女生。因为相对于男生来说，大多数女生的"脸皮都比较薄"，而且更容易钻牛角尖。婷婷平时总是笑嘻嘻的，我以为乐观、开朗的她一定也非常坚强，应该经得起"暴风骤雨"，但没想到她也这么"不堪一击"。事实上，我以为过去比较温和的做法总不奏效，进而想采取稍微激烈一点儿的教育方式让她警醒，没想到却事与愿违。

不管怎么样，婷婷因为被公开批评而流泪，这说明她心里很难过。我作为班主任，在不了解详细情况的前提下就想当然地采用简单、粗暴的处理方式，实在有违教育的基本原则。等她心情稍微平静一些时，我就要立即找她谈话，防止她出现过激的行为。

 说话策略

1. 下下策

班主任坚持认为婷婷是屡教不改，自己也是为了她好，于是固执地解释道："婷婷，今天我点名批评你，你心里一定很难过。其实，老师也不想公开批评你，但是你总是在课堂上说话，我以前也反复地提醒过你，可你仍然我行我素。今天，你多次在课堂上说话，实在有点儿说不过去。虽然你各方面都比较优秀，但是老师要是再不批评你，再睁一只眼闭一只眼，其他同学肯定会有意见。再说了，老师制止你说话也是为了让你更好地学习啊。你要是班主任，遇到像你这样的学生，你会怎么办？"

采用这种说话策略，班主任解释了自己的为难之处，并希望能够获得婷婷的理解。这样的做法本无可厚非，然而，因为婷婷刚刚还在掉眼泪，所以她的内心还是处于一种难过的状态，这个时候，或许她更关注自己内心的委屈。而班主任的这番话，非但没有宽慰、劝解之意，反而会让她觉得班主任是在埋怨、指责她。如果婷婷不是特别善解人意的女生，那么这种说话策略可能会使班主任再次处于尴尬的境地。

2. 中策

班主任感觉自己一直以来还是不够了解婷婷，生怕婷婷想不开而有过激的行为，于是说道："婷婷啊，今天老师做事缺乏考虑，未能顾及到你的自尊，竟然公开点名批评你。事后，老师觉得你心里肯定有不少的委屈，况且你说话也不是故意的，老师不应该小题大做。老师请你不要把这件事放在心上。如果你有什么想法，现在可以直接跟老师说。"

采用这种说话策略，在一定程度上能够缓解婷婷的情绪，进而让她尽快归于平静，最终消除班主任的担忧。但是，作为一名班主任，我们可以就自己的过错向任何一位学生道歉，但是必须合情合理，不能对学生有太多的迁就，因为这样会加剧学生养成不良的习惯。

3. 上上策

班主任深感自己肩上的责任重大，想在解决问题的基础上，尽量让婷婷多明白一些道理，于是微笑着说道："婷婷，现在你对老师有什么看法？"（据实践经验，此时大多数女生会选择沉默，即使有看法，也不会直接指出班主任的缺点。）婷婷回答后，班主任继续说道："事实上，老师现在自己都在埋怨自己呢。面对一位活泼、开朗、各方面又比较优秀的女生，老师竟然这么粗暴，这实在不是一个合格的老师应该做的事情。正是因为老师的粗暴，才害得你这么伤心。老师当时就想啊，如果婷婷能控制住自己不再随便讲话，那么婷婷就会变成一位十全十美的女生了。以前老师找你谈过几次话，但都没有效果，所以今天想给你一点'颜色'看看，希望你能因此'吃一堑，长一智'。其实，老师并没有恶意，也不是故意针对你或讨厌你，就是希望你能改正自己的缺点。所以，希望你不要介意老师的话。如果还有什么委屈的话，一定要跟老师说，千万不要憋在心里。"

采用这种说话策略，班主任就显示出了自己的真诚和爱心，同时，这也是班主任和学生之间平等的交流和沟通。只有通过这样的交流，班主任才能获得学生的理解、支持和尊重。特别值得一提的是，班主任说明了自己的出发点只是想让自己的学生能够进步，这让学生明白了班主任的一片苦心。因此有时候，班主任需要把自己善意的、真实的想法向学生解释清楚。

14. 学生不愿意和自己谈心

> 看来，小豪以前的某位班主任由于教育方法不当或彼此之间存在误解而在小豪内心留下了难以抹去的阴影，以致小豪拒绝张口说话。这是小豪的心病，心病还需心药医。

☕ 情景再现

本学期初，我制订了和每个学生逐一谈心的计划。全班五十一名学生，我打算每天至少找三名学生谈心，争取在半个月之内结束。于是，我先把学生分成了三类：第一类是我之前不认识的，第二类是我以前带过课的，第三类是从我带过的班级分过来的。对于后两类学生来说，我做谈心工作之前的准备都比较容易，因为我基本上已经了解了他们的情况，并不需要四处收集有关的资料。但是对于第一类学生来说，我做谈心工作之前的准备就比较麻烦了，我要把有可能涉及的问题，诸如性格、爱好、理想以及家庭情况等，列好清单，然后追着学生的原班主任打听情况。

小豪是一位比较特殊的学生。当我打听其他学生的情况时，他们的原班主任基本上都能顺利地解答，但当我问到小豪时，他的原班主任却一问三不知。原来，小豪不喜欢和老师谈心，原班主任对他的了解也仅仅停留在表面上，只是说他平时和一些同学在一起时很能说，上课时也能够专心听课、认真记笔记，但考试的成绩却不够理想。原班主任的话让我有意识地推迟了和小豪谈心的日程，我想再通过几天的观察来了解更多的信息。同时，我又跟他父母通了电话，掌握了更多有关小豪的资料。当我感觉准备得很充分的时候，在一个早读课上，我把小豪喊了出来。

"小豪，我很高兴能成为你的班主任，是这个新的高二（5）班把我们聚在了一起。开学已经十几天了，你对我们这个新家有什么看法？"我尽力为我们俩营造一个轻松、愉快的氛围。

小豪微笑着听我说话，然后摇摇头。这在我的预料之中。

"在还没有充分了解某个事物之前不发表任何看法，很好，看来你是一位很成熟的男生。不过，你现在已经是高二的学生了，肯定经历过很多类型的班级，那么你喜欢什么样的班级呢？"

小豪依然微笑着听我说话，然后又摇摇头。这也在我的预料之中，因为前两个问题都是我和学生谈心时必问的问题，没有什么针对性，我只是想让小豪觉得我并没有对他特别留意。

"我们的班级就是一个大家庭，只有班主任和学生之间配合默契了，才能使我们这个家庭更加和谐、更有竞争力。其实，就像足球队一样，你们是球员，而我是主教练。要想赢球，首先主教练要能发现各个球员的特点，然后让球员充分理解自己的战术思想，这样大家才能拧成一股绳。我国国家队以前的几任外籍教练都没能把球员拧成一股绳，不是因为水平不够，而是因为他们不能和球员进行有效的沟通。到头来，不仅主教练下课，而且球员们也没有机会向国际顶级俱乐部展示自己的实力，所以这么多年以来，我们国家的留洋球员都非常少。你说是不是这样？"我之所以要这么说，是想用足球这个话题引起他的共鸣，同时间接地告诉他学生和班主任谈心的重要性。

没想到，小豪依然微笑着听我说话，只不过把摇头变成了点头。

情景分析

心理学研究表明，个体拒绝和他人谈心，不外乎四种情况：第一种是个体极度自闭，存在着严重的心理健康问题。第二种是个体对交往对象怀有很强的戒备心理，担心言多必失，从而一言不发。第三种是个体由于在性格、爱好、学识以及出身等方面和谈心对象相差很远，致使个体对谈心对象十分反感，进而以沉默对之，正所谓"话不投机半句多"。第四种是个体由于先前的特殊经历，导致其对某一类型的谈心对象存在着敌视心理，从而在谈心过程中保持沉默、漫不经心或答非所问的状态。在这四种情况中，第一种情况是由客观原因造成的，后三种情况则是由主观原因造成的。不管哪一种情况，个体给谈心对象留下的印象基本上都是缺乏教养、没有礼貌或不善于沟通等。依据目前所得到的有关小豪的信息，小豪应当属于第四种情况。

看来，小豪以前的某位班主任由于教育方法不当或彼此之间存在误解而在小豪内心留下了难以抹去的阴影，以致小豪拒绝张口说话。这是小豪的心病，心病还需心药医。

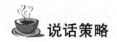 **说话策略**

1. 下下策

班主任认为小豪把对原班主任的敌视情绪毫无根据地完全转移到自己的身上来，这实在很没有礼貌，因此打算狠狠地批评他一顿，于是冷笑着说："小豪，你已经是一名十八岁的青年了，怎么一点儿礼貌都不懂呢？看来，老师对你所做的一切努力都白费了，希望你以后好自为之吧！"

采用这种说话策略，班主任就是直接告诉了小豪他给自己留下了十分恶劣的印象。虽然班主任说的是实话，但是实话实说的结果是彻底地关上了和小豪谈心的"大门"。这是班主任找学生谈心的大忌。班主任找学生谈心，即便不能使学生朝着预设的方向发展，也绝不能让谈话起到反作用。

2. 中策

班主任对小豪的行为感到束手无策，于是无奈地说道："小豪，既然你现在不想和老师谈心，那么老师也不想勉强你，但老师这边的'大门'随时向你敞开。希望你以后在有困惑的时候，能够主动来找老师聊一聊。"

采用这种说话策略，班主任是在用自己的诚意进行最后一次努力，显示出了足够的耐心，至少没有让小豪加重对班主任的敌视情绪。

3. 上上策

班主任坚定地认为自己可以成功地改变小豪，于是微笑着说道："小豪，为了和你谈心，我做了许多准备，我和你以前的班主任交流过，也和你父亲通了电话。不过，我可能准备得还是不够充分，比如，你以前都有过什么类型的班主任，老师也不知道。不过，不管怎么说，原班主任是原班主任，新班主任是新班主任，虽然做的是同一种工作，但是各有各的理念和方法。老师相信，在以后的岁月中，我们师生两人一定能在彼此面前畅所欲言！"

采用这种说话策略，班主任重点向小豪传递了两个重要的信息：第一个是班主任对小豪非常关心，班主任为了和他的一次简单的谈话付出了很多的努力，班主任的这种告白能够让小豪感受到新班主任的友善。第二个是班主任委婉地告诉了小豪应该有区别地看待事物，避免其产生"一棍子打沉一船人"的想法，这样才能在新环境中使师生的交往有所突破，从而建立双赢的局面。

15. 学生被同学欺负

> 我感到这件事情比较恶劣，而且还牵涉到其他班的学生，所以带着小冲向政教处走去。

 情景再现

在今天早读课的时候，我刚到教室门口，小冲就迎了上来。奇怪的是他的眼眶里还噙着泪水。一个大男生怎么哭了？我感觉情形不对，赶紧问道："怎么回事？"

"老师，我被别人打了！"小冲抽噎着说道。

谁这么过分！小冲是一名安分守己、勤奋好学的学生，几乎没犯过什么错，更不可能招惹谁。我刚想问他怎么回事的时候，发现其他学生都在注视着我们，我怕这样对小冲不好，便示意他到办公室里详谈。

事情原来是这样的：早晨小冲在吃早餐的时候，由于人多，他好不容易看到一个空位子，就赶忙跑过去。谁知屁股刚一落座，另一个男生小游就赶了过来，并且说："这个位子是我先发现的，请你离开！"小冲感觉小游有点儿胡搅蛮缠，他很不服气，于是头也不抬地说道："我都坐下了，你再找一个吧！"小游见状大怒，放出狠话："再不马上离开，我让你把盘子都吃到肚子里去！"小冲也不服软，倔强地说道："这个位子又不是你的，你凭什么让我走开？"小冲话音刚落，小游就把手里的盘子扣在了小冲的头上，接着两人就动手打了起来。小冲平时老实巴交的，身手也不灵活，根本就不是小游的对手，三下两下就被小游打倒在地。但是小游还是不依不饶地对小冲拳打脚踢。最后，几名熟悉的同学把他们拉开了。还好，小冲伤得并不严重。

我感到这件事情比较恶劣，而且还牵涉到其他班的学生，所以带着小冲向政教处走去。

政教处老师迅速将涉事学生都集合起来进行调查，调查结果是，小冲说的都是事实。于是政教处决定，先带着小冲到医院检查，以防有内伤。经过观察、拍片、尿检等一系列检查后，医生基本上确定小冲并无大碍，只有面部肿了一点儿，吃点儿消炎药就可以康复了。小冲身上的伤需要治疗，心理上的刺激同样需要疏导。

 **情景分析**

尽管各级各类学校都三令五申禁止学生发生冲突，但是这种现象还是屡禁不止，究其原因，主要包含以下几个方面：

首先，青少年正处于容易冲动和控制力差的阶段，这是导致频繁地发生学生冲突事件的根本原因。比如，学生甲骂了学生乙一句，学生乙就想立即揍学生甲一顿。

其次，部分青少年性格固执、偏激，分析问题时容易钻牛角尖，不会变通，这也是导致学生冲突的重要原因。比如，学生甲不小心将污水溅到了学生乙身上，然后大摇大摆地走了，而学生乙就会认为学生甲这是在蔑视和挑衅，故而要和学生甲针锋相对。

再次，学校对学生冲突事件的教育不够，导致学生对处理类似事件的方法以及冲突升级可能造成的后果缺乏全面的了解，因此，他们往往会凭感觉处理这样的事情，从而导致事件的扩大和升级。一般情况下，多数学校都是做"事后诸葛亮"，当冲突事件发生后，学校才对当事学生言明利害，但为时已晚。

最后，青少年对尊严的认识比较狭隘，缺乏对面子的正确认识，经常为了维护自己的面子而和其他学生大动干戈。比如，学生甲骂了学生乙一句后，学生乙就会觉得如果不更恶毒地"回敬"学生甲，就显得自己没面子，故而用更激烈的方式讨回面子。

针对以上情况，要想有效地减少学生冲突事件，可以从以下几个方面着手：

首先，帮助学生树立"有事找老师"的意识。青少年容易冲动和控制力差的缺陷在短时间内很难完全弥补，这就不可避免地产生一些引发冲突的导火索。教师应该要求学生，一旦遇到类似的情况，就要马上报告老师，而且越早报告老师对自己越有利。当然，要实现这个目标，老师应逐步树立起"为民请命"的形象，也就是要让学生信任老师。

其次，让学生了解学生冲突的严重后果，并且要用真实的画面和材料加以展现，以引起学生对冲突事件的忌惮。比如，教师可以向学生展示因为打架而弄得头破血流、身体残疾以及被关进监狱的照片，这样更容易让学生的心灵产生震撼。

最后，制定公开的惩戒制度，遇到类似事件时要严肃处理当事学生，绝不姑息纵容，进而对趋向于引发冲突的学生起到足够的震慑作用。

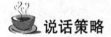 说话策略

1. 下下策

班主任认为自己的学生被欺负了，感觉非常气愤，于是义愤填膺地说道："小冲，你放心，政教处老师已经调查清楚了，小游要对事情负主要责任。他无缘无故就欺负你，我们必须要求政教处对他严惩不贷，让他付出应有的代价，还我们一个公道！"

采用这种说话策略，显示出了班主任对学生的关爱，但这是一种得理不饶人的做法，会让学生的心情更加复杂，不利于平复学生的情绪，可能还会影响其生活和学习。

2. 中策

班主任认为学生被欺负后，心里肯定有很多委屈，于是开导他说："从整件事情来看，你们之间之所以会起冲突，是因为小游比较嚣张、容易冲动，但也谈不上是他故意欺负你。所以，你也不要觉得自己很委屈，这就是一起普通的学生打架事件，没必要想得太多，也不要太在意。"

采用这种说话策略，班主任是想让小冲尽快消除被欺负、被羞辱的感觉，希望他不要有什么心理负担，从而避免在其内心留下阴影。但这就像扔给掉进陷阱里的人一个馒头，而并没有把这个人拉上来一样，并不会起多大的实质性作用。

3. 上上策

班主任认为应该让小冲从这次事件中吸取一些教训，于是客观地分析道："之所以会发生这样的事情，主要是由于小游比较嚣张、容易冲动，

他应该负主要责任，也一定会受到严肃处理。但是，一个巴掌拍不响，你也多多少少有点儿责任。比如，当他说他先看到那个位置时，你可以大度一点儿，让给他坐，也就可以避免发生冲突了。事实上，他的这句话虽然听起来感觉是在挑衅，但如果我们好好地想一想，它也有可能是事实。所以，你完全可以大度一点儿，完全可以不那么在意的。当然了，即使是他先看见的，他也没有权利让你离开。老师只是想告诉你，遇到问题的时候，我们要想着如何解决问题，而不是使问题扩大、升级。因为如果发生了冲突，对双方都没有好处。"

采用这种说话策略，班主任主要是想让小冲"经一事，长一智"。班主任在分析事件的过程中，明确指出了小冲的做法有哪些不足，这样小冲就会因此积累一些相关的经验，倘若将来再遇到类似的事情，他也会尽量避免不理智的行为。

16. 班干部请求辞职

> 正当我感到庆幸的时候，小斌却在第一次月考后向我递交了辞呈。我当时感觉很惊讶，之前并未发现她的言语有任何异常，到底是什么原因迫使她想辞职呢？

☕ 情景再现

小斌是我们班的副班长，主要负责记录班级日志以及汇报女生的心理情况等工作。我之前带过小斌半年的课。我之所以选择小斌做副班长，是因为小斌的个人能力在女生当中很突出，人缘也比较好，而且她做事很认真，班主任可以放心地把事情交给她处理。她学习也非常认真，我本来想安排她做班长的，但怕她的压力太大，所以就给她安排了一个相对清闲一点儿的职务。

开学初的前两周，小斌工作比较积极、主动，班级日志被管理得有条不紊，每隔两天她就向我汇报一些女生的思想动态以及她们对班级建设的建议。对于小斌的表现，我看在眼里，喜在心头，小斌胜任这份工作，一定可以成为一位优秀的班干部。

正当我感到庆幸的时候，小斌却在第一次月考后向我递交了辞呈。我当时感觉很惊讶，之前并未发现她的言语有任何异常，到底是什么原因迫使她想辞职呢？我一时还搞不明白。当时时间有些晚了，我故意说道："时间很晚了，我们明天再谈这个事情。你再考虑考虑！"

第二天的早读课上，我找到了一位我比较信任的女生，旁敲侧击地打听到一些关于小斌的事情。情况原来是这样的：某些轮流撰写班级日志的同学害怕得罪违反纪律的同学，或者碍于情面，没有如实地记录情况，往往"睁一只眼闭一只眼"，由此引起了小斌的不满。小斌和这些同学交涉，他们就讲出各种理由推脱责任，这让小斌很为难，如果小斌把真实情况再补充上去，无疑会得罪这些同学。

☕ 情景分析

学生干部是学生中的骨干，是班级管理工作中的中坚力量，也往往是校园里令人瞩目的活跃分子。过去，能成为班干部的学生，都会感到很荣幸、很自豪。但是近年来屡屡出现一些学生干部辞职的现象，究其原因，主要有以下几种：首先，由于学业的压力，部分班干部在班级管理工作中会有些力不从心。他们为了不影响学习，于是辞职以争取有更多的时间来学习。其次，部分班干部责任意识不强，感觉当班干部没有什么"好处"，多一事不如少一事，于是辞职落个清闲。再次，部分班干部工作能力不强，心理承受能力又比较差，往往知难而退，于是辞职以免烦恼重生。最后，由于班主任管理观念落后、工作方法不当，不能很好地激励班干部，或者班干部在班级管理中遇到很多棘手的问题，致使他们讨厌班级管理工作，于是辞职以发泄不满的情绪。当然，也有少数班干部辞职是因为工作没做好，所以引咎辞职。

面对以上各种情况，班主任应该对学生干部进行及时的培训，以提高学生干部的自身素质；真诚地关心、热情地支持班干部，以维持其工作积极性；加大表彰和奖励力度，让学生干部获得心灵上的慰藉。此外，班主任还应制定和完善学生干部管理条例，增强学生干部的规范意识和责任意识。

高二的学生已经略微懂得了一些人情世故，做老好人也是情理之中的事情。然而，这毕竟是不正之风，必须加以整顿。在我没有发现这种现象之前，小斌就冲在了整顿不正之风的第一线，难免会受到一些同学的非议和刁难。实际上，出现这种情况时，小斌完全可以向我说明情况，或者间接地提示我，这样就能使问题逐步得到解决。小斌虽然能力出众、人缘也比较好，但是缺乏一些管理经验。当然，小斌也可能觉得这是自己职责之内的事情，不好意思向班主任反映，于是自己全扛了下来。不管怎么说，小斌始终是一位难得的班干部，我要找她谈谈。

☕ 说话策略

1. 下下策

班主任决定把决定权完全交给小斌，就直接问道："你所负责的这项工作的确面临着比较麻烦的问题，你到底是怎么想的，真不想再继续担任副班长了吗？如果你坚持要辞职，老师只有尊重你的意愿了。"

采用这种说话策略，班主任虽然充分地尊重了小斌的意愿，但是极有可能会失去一个难得的人才。小斌自己提出辞职，班主任又把决定权交给小斌，这样做会让小斌很为难：如果答应继续担任副班长，会显得自己做事情有点儿太儿戏；如果不继续担任副班长，心里又有点儿不甘心。根据青少年的心理特征，小斌此时最需要的是班主任的信任和支持，这样小斌才会觉得"很有面子"。

2. 中策

班主任很担心会失去这样一位优秀的班干部，于是在一番谈话后，极力挽留道："小斌啊，老师当初之所以选择你做副班长，就是因为你有责任心、能力强、人缘好。一直以来，老师都非常器重你，我很希望你能够继续担任副班长！"

采用这种说话策略，小斌就很有可能被班主任的热情打动，不好意思再拒绝班主任的美意，进而答应继续担任副班长。但是，如果站在小斌的角度考虑，这样的说话策略无疑会让小斌觉得有些勉强。这样做虽然挽留下了一位优秀的班干部，但还是不能让小斌安心地工作，因为班主任并未解开小斌的心结。

3. 上上策

班主任一方面想挽留小斌，另一方面也想替小斌把问题解决掉，于是坚定地说道："通过老师的明察暗访，老师知道你在管理班级日志时遇到了一点儿困难，个别同学竟然造假，这是不正之风。我正好想了一个办法，你帮我看看是否可行。我打算以此为话题开个主题班会，倡导同学们尽职尽责、诚实守信，同时也告诉同学们，班主任将和其他科任老师保持紧密联系，如果发现有同学弄虚作假，我们将严惩不贷。也就是说，我们要完善班级日志的监督机制。你看，这样会不会让你的工作更好做一点？如果有问题，我们以后再探讨。老师希望你能够坚持下来继续担任副班长，因为老师非常信任你，我们高二（5）班也需要你这么优秀的班干部！"

采用这种说话策略，班主任遵循了标本兼治的治病原则。因为小斌的辞职行为并不是一个单纯的愿不愿意做的问题，而是有其深层次的原因，班主任只有消灭掉了这些"拦路虎"，才能让小斌安心地工作。

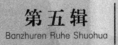

第五辑
Banzhuren Ruhe Shuohua

当家校交流出现问题时，
班主任如何说话

1. 家长随意批评科任老师

> 英语老师辛辛苦苦地教她的儿子，
> 她竟然如此批评英语老师。她望子成龙
> 的心情我可以理解，但她随意批评老师
> 的态度必须加以警示。

情景再现

开学初，我接手了高二年级一个新组建的班级。报到那天，来了很多家长，绝大多数都向我"说好话"，请求我好好教育他们的孩子。对此，我都笑着说："请您放心，您的孩子进了我的班级，只要是对他们好的事情，我一定会尽全力去做，争取让孩子成人成才。这不仅是父母们的殷切期望，也是我们班主任努力的目标。"绝大多数家长听完我的话后，都非常满意。但是，小王的母亲却与众不同，在听完我的表态之后，她先是说道："我在来学校之前，已经通过别人打听清楚了，他们都说赵老师是一个负责任、严格、有能力的班主任，所以我很乐意把孩子分到你的班里。"听了她前面这一段话，我还在心底庆幸自己得到了家长的认可，然而她却话锋一转："你们班的其他科任老师都不错，比如语文老师知识很渊博，数学老师非常严格，生物老师讲课风趣幽默等等，但我对英语老师不太满意。这个老师讲课平平淡淡，一点激情都没有。她以前教过我儿子，我儿子说她的课一点味道也没有，我儿子的英语成绩更是一落千丈，你们班如果能把她换掉就完美了。"

情景分析

很多家长都认为自己望子成龙的美梦能否顺利实现和孩子的老师有很大的关系，所以他们都迫切地希望孩子能够进入各科老师都十分优秀的班级，同时，他们也十分热衷于打听孩子的所有科目的老师的情况。教师都希望家长能够对自己提出科学合理的建议，这有助于教师素质的提高。然而，因为自己的观念和知识上的局限，家长在评价某些老师时有失公允。比如，如果孩子说某位老师不好，家长就认为他不好。虽然学生对老师的评价是衡量老师素质的一个重要依据，但这有一个前提条件，就是必须以学生集体对老师的总体评价为依据。然而，在大多数情况下，家长对科任老师的评价仅仅根据其子女个人的好恶。而且，出于对科任老师的尊重，家长应该避免在公开场合评论科任老师。当然，即便家长对科任老师的评价存在这样那样的问题，但也仍然可以作为科任老师反思自己的一面镜子。

的确，在小王的母亲说"赵老师是一个负责任、严格、有能力的班主任"这句话时，我心里很高兴。毕竟我以前的努力和付出得到了学生及家长的认可，这对我来说是一种莫大的鼓励。然而，当我听到她随意评论英语老师时，我的心情开始由晴转阴。小王的母亲对科任老师的随意贬低，暴露了她对教师人群的不尊重。英语老师辛辛苦苦地教她的儿子，她竟然如此批评英语老师。她望子成龙的心情我可以理解，但她随意批评老师的态度必须加以警示。她今天能够这样肆无忌惮地贬低英语老师，明天就能随心所欲地侮辱其他老师。而且，她评论老师仅仅是以自己儿子的感受为出发点，缺乏全面性、科学性和准确性。

 说话策略

1. 下下策

班主任为了让小王的母亲感受到自己的不满，也为了使警示的效果更好，于是把心底的不满全写在脸上，严肃地说道："你可能打听错了，其实我们班所有的科任老师（包括班主任）的教育教学水平比隔壁班的都差了不少。你可以把你的儿子转到隔壁班，这样对他成人成才可能更加有利，因为名师出高徒嘛！"或者冷笑着说道："县一中是省属重点中学，那里的老师基本上都是经过严格考试选拔进去的，大多数都是名师。如果你的孩子对英语老师不太满意，那我建议你把孩子转到县一中，毕竟英语是很重要的科目，而且我们班的英语老师已经定下来了，根本不可能换掉。"

采用这种说话策略，班主任可以把心里的不快完全发泄出来，但也不可

避免地得罪了小王的家长，不利于后续的家访以及学生思想工作的开展。这种做法并没有达到治病救人的目的，还把以后教育学生的大门关上了。

2. 中策

班主任虽然心里非常不满，但念在小王母亲那样赞美自己的份上，决定做一个"老好人"，于是微笑着说道："英语老师我不太熟悉，原来她这样啊，那我以后要和她好好地沟通，以免影响了全班学生的英语成绩。还好现在才刚开学，这个问题你反映得很及时！"

采用这种说话策略，班主任无疑"拉拢"了家长，也可以很圆满地解答家长的疑问。但是，这种做法有两点不妥。第一，这样做相当于默认了家长的错误评价，如果这样的评价一传十、十传百的话，极有可能导致英语老师以后无法正常开展教学活动。第二，身为班主任，在关键时刻不能坚定地维护科任老师的形象，如果被科任老师得知，会造成科任老师和班主任之间的矛盾，对班级管理有百害而无一利。

3. 上上策

班主任既想表达自己的不满，又想以正视听，使家长能够客观、科学、准确地评价科任老师，于是微笑着说道："你的某些建议很好，如果老师授课时能够做到幽默风趣、激情四射，的确能吸引绝大多数学生的注意力，这样的课堂教学效果一定不错。然而，学习科学文化知识毕竟和看小品、听相声不一样。由于书本理论知识的枯燥乏味，所以学习必定是一种需要吃苦的活动，也就是说大多数知识的传授，都是平平淡淡的，没有哪个老师能把每一节课都上得笑声、掌声不断。另外，每门学科都有特点，就以英语为例吧，要记单词、背课文，如果学生不是特别善于学习，怎么会有意思呢？感谢你反映的这个情况，我会及时和其他学生交流，弄清楚这到底是怎么回事，到时候我们再沟通，你看这样行吗？因为要想科学、公正地评价一位老师，我们的依据是学生群体的看法，而非哪一个学生的个人感受。"

采用这种说话策略，班主任不仅维护了科任老师的声誉，而且宣传了一种科学的评价观，相信小王的母亲也能感受到班主任的真诚和学识，从而放心地把小王交给他。

2. 家长不配合工作

部分家长由于知识和观念上的局限，片面地认为老师对其子女的惩戒可能有点"过火"或"不近人情"，所以他们心里并不支持老师的做法，但又不好公开反对，只好替子女开脱、求情。

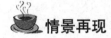 **情景再现**

"赵老师，小聪上课时玩手机，我现在把手机交给你，你看着处理吧！"第二节课下课后，语文老师薛老师走进办公室气愤地说道。薛老师刚走进办公室，小聪就跟了进来。我先对薛老师说"你消消气"，然后朝着小聪望了一眼，问道："怎么回事？"

"我上语文课时玩手机了。"小聪吞吞吐吐地说道。

"你刚才说的话，现在怎么不说了？"薛老师稍微停顿了一下，见小聪没有要说话的意思，就迫不及待地说道："你刚才问我凭什么不马上把手机还给你，你现在就问你的班主任吧，让他跟你解释解释我凭什么。"

我先安慰了薛老师一通，然后质问小聪有没有这回事，小聪一句话没说，算是默认了。

"不管出于什么原因，上课时玩手机都是错误的行为，犯错后不仅没有及时地认识到错误，你还变本加厉！说一说吧，自己应该做些什么？"小聪平时挺懂事的，这一次却显得很没有礼貌。我虽然有点生气，但是也没有很严厉地批评他。

"我上课时玩手机违反了班规，之后又很没有礼貌。我的错误行为让薛老师很生气，所以我向薛老师道歉！"一向表现很好的小聪感觉很不好意思，说话的时候一直低着头。

"你的认错态度很好！对此老师感到很高兴，但高兴也不等于就不惩罚你了，为了让你吸取教训，关于手机的事，你打算怎么做？"我追问道。

"按照班规处理吧！"小聪依然低着头。

"那好，念你一时糊涂而且认错态度也不错，把班规要求的条件减半吧，这样你同意不同意？"我问道。

小聪点点头，表示同意。

按照我们的班规，不管出于什么原因，学生只要在课堂上拿出手机且被老师发现，手机就要被老师没收交给班主任，学生可以通过三种途径取回手机。第一种是连续两周内不犯任何错误，比如迟到、早退、旷课、讲话等；第二种是在下一次考试中考出优异的成绩，最低标准是在班级排名中进步五名，班级前十名的学生视具体情况而定；第三种是通知家长来学校把手机拿回去。一般情况下，学生都会选择前两种方式，由此我认为这件事就这么结束了，谁知当天中午我就接到了小聪父亲的电话。

问明情况之后，小聪的父亲委婉地要求我把手机还给小聪，我觉得不太妥当。于是他恳求我说："赵老师，你看小聪的态度这么好，你就把手机还给他吧。这样我们有什么事情也好和他联系，我们都在外地。"

☕ 情景分析

疼爱子女是所有父母的天性，但是到底怎么做才算真正地疼爱子女，很多父母对此并不完全清楚。这导致部分父母对子女的错爱、溺爱，而这又会进一步导致其子女在品德及心理等方面出现偏差，不利于他们的健康成长。

部分家长在惩戒子女时，往往陷入两难的境地，如果有板有眼地按照有关规定对他进行严格的惩戒，就担心他会受苦受累，心里舍不得；然而，如果子女犯错后不能及时地对他进行惩戒，又担心他会因此慢慢地变坏。

部分家长由于知识和观念上的局限，片面地认为老师对其子女的惩戒可能有点"过火"或"不近人情"，所以他们心里并不支持老师的做法，但又不好公开反对，只好替子女开脱、求情。家长在遇到类似情况时，往往只考虑自己的子女，而忽略了子女所在的班级是一个集体，因而不会想到老师的任何一种做法都会对班级的后续管理产生一定的影响。

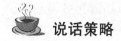 **说话策略**

1. 下下策

班主任认为小聪的父亲不仅不懂得如何教育孩子，还有点固执，于是不耐烦地说道："小聪的爸爸，你必须明白，我们中国的父母最疼爱自己的孩子，但是真正懂得教育孩子的父母只是少数。小聪是你的儿子，你疼爱他，但小聪也是我的学生呀，我也希望他好，所以请你相信我！"

采用这种说话策略，班主任是想用老师的身份强迫小聪的家长接受老师对小聪的处罚。虽然班主任的出发点是好的，但是却忽略了一个事实，那就是小聪的父亲能不能理解班主任的想法。如果他不能理解的话，小聪的父亲极有可能认为班主任有点轻视自己，这样，班主任反而是好心办了坏事。

2. 中策

班主任觉得既然小聪的父亲已经提出了要求，也不好断然拒绝，但是必须让他明白把手机直接还给小聪的后果，于是说道："小聪的爸爸，你的心情我可以理解，但是你可能忽略了一点。虽然小聪一直表现都不错，而且认错态度也很好，但是，如果我们对于小聪的错误行为就这样马马虎虎地处理，小聪就不会吸取教训，以后极有可能再犯类似的错误，所以请你三思！"

采用这种说话策略，班主任主要是围绕把手机直接还给小聪会给小聪带来哪些影响展开的，这样就抓住了小聪父亲疼爱小聪的心理，从而让他再考虑一下是否要把手机直接还给小聪。班主任这样做，不仅提醒了小聪的父亲，而且暗示他应该配合班主任的工作，达到了一箭双雕的目的。

3. 上上策

班主任认为不管怎样都要以整个班级为重，要让小聪的父亲明白自己的难处，同时要最大限度地争取小聪父亲的支持，于是微笑着说道："小聪的爸爸，是这样的，你在考虑问题的时候，可能只考虑到了小聪，但是我却要替班级的所有学生着想。今天如果我把小聪的手机直接还给了他，其他同学很快就会知道这件事，那么他们上课时也玩手机的话，我又该如何处理呢？这样会让我在学生面前失去班主任的威信。而且，如果今天我直接把手机还给小聪，那么他就不会吸取教训了。你的心情我可以理解，我们能不能想一个办法，既能惩戒小聪，又不会影响班级管理？比如你找一个亲戚过来把手机从我这里拿走，再交给小聪。这样既能让小聪认识到犯错后要付出代价，又符合班规，你看这样行不行？"

　　采用这种说话策略，班主任主要是在向小聪的父亲传达一种换位思考的理念，这对于持不同意见而又要在一起合作的人来说是极其重要的。只有换位思考，才能切实地理解对方的想法和意图，才不会轻易产生矛盾，从而做到相互帮助、相互支持。

3. 家长对子女提出过高要求

父母在子女的教育问题上应该遵循一个原则，那就是要把它关爱转化为子女争取进步的动力，而不是把它变成不利于子女成长的障碍。

☕ 情景再现

接手这个班级以来，和我打交道最多的家长莫过于小鹏的母亲。她几乎三天两头地给我打电话询问小鹏的学习情况。她是一个个体户，平时生意挺忙的，还能这么关心子女的学习，我在感动的同时也乐此不疲地详细解答她提出的有关小鹏的学习的问题。然而，前两天的一次谈话，让我觉得她对小鹏的关爱已经慢慢地变了味，甚至走向了极端。

事情是这样的，那天我和她简单地交流了一下小鹏最近的学习情况，之后她感慨万千地说道："上周小鹏回家时，我让他做了四套高考模拟试卷，包括语文、数学、英语和理科综合。他考得太差了，满分七百五十分他才考了四百三十分。老师，你说他还怎么能考上好大学啊！请你好好做做他的思想工作，我在家骂了他半天，都被他气坏了。"

我听到她的这些话，不由得愣了半天。现在小鹏还在读高二啊，各门课程的新课都还没结束，她竟然就让小鹏做高考模拟试卷！其实，小鹏平时学习还是比较认真的，学习成绩也不错，按照这种情况发展的话，他很有希望考取一所不错的大学（他是美术生）。他的妈妈真是太心急了。

☕ 情景分析

父母把希望寄托在子女的身上，并对子女提出一定的要求，这本无可厚非。但是，父母在子女的教育问题上应该遵循一个原则，那就是要把自己对子女的关爱转化为子女争取进步的动力，而不是把它变成不利于子女成长的障碍。也就是说，父母关爱子女也要注意一个"度"的问题。父母之所以把握不好这个"度"，主要是因为缺乏科学的教育方法的指导。作为班主任，我有责任帮助小鹏的母亲。

 说话策略

1. 下下策

班主任一心想让小鹏的妈妈掌握科学的教育方法，于是直截了当地说道："恕我直言，你上周让小鹏做高考模拟试卷这件事，我认为有几点不妥。首先，小鹏现在还在读高二，还有很多新课没学完，根本就不适合做高考模拟试卷。你的这种做法，就像让小学生去考研究生一样，是违反学习规律的。其次，小鹏能考出四百三十分的成绩已经很不错了，你应该多表扬、鼓励他，而不应该批评、挖苦他，否则只能适得其反。最后，你对小鹏寄予厚望是人之常情，但子女的学习成绩受很多因素影响，你不能对他提出过高的要求。举一个简单的例子吧，一个人一次最多能挑起一百斤的担子，你非要让他挑起两百斤的担子，后果可想而知。"

采用这种说话策略，班主任是在就事论事，也是出于好意。但是家长不是学生，班主任不能用和学生说话的口气来和家长说话，这样做往往事与愿违。现实生活中教师因把握不好和家长说话的口气而造成家校交流失败的例子比比皆是。班主任在处理班级事务时，应该避免类似的错误。

2. 中策

班主任认为家长都是成年人，凡事应该一说就明白，于是蜻蜓点水似的说道："你让小鹏做高考模拟试卷了呀？你对小鹏的学习可真用心啊。其实，我认为现在就让小鹏做高考模拟试卷还有点太早吧。对于这么懂事的孩子，我认为你不必一直催他，应该多鼓励他。"

采用这种说话策略，班主任基本上把事情说明白了。虽然班主任是向家长提建议，而不是命令家长必须怎样做，但是这么"委婉"的方式，会让人觉得班主任的态度很不明确。

3. 上上策

班主任既对小鹏的母亲深怀敬意，因为她没有因自己工作繁忙而把小鹏放在一边不闻不问，又打心底里想替小鹏解围，这就需要做通小鹏家长的思想工作。于是微笑着说道："听小鹏说你的工作很忙，还能这么关心子女的学习，像你这样的父母，现在真是越来越少了啊！相信小鹏会理解你的这种心情。不知道小鹏做高考模拟试卷前后的心情如何？"

"开始的时候他有点不愿意，说还有很多新课没学，但我坚持让他做，他就答应了。因为考得不好，我还骂了他，他去上学的时候都没跟我打招呼。"小鹏的妈妈说完后不好意思地笑了。

"虽然我和小鹏接触的时间不长，但我能看出来他是一个很懂事的学生。就连这么懂事的学生也不能完全理解家长的苦心，做家长真的很难啊！但是，再难我们也不能对他置之不理啊。不过，小鹏也不是小孩子了，我们也要听听他的想法，或许他说的很有道理呢。比如，做试卷前小鹏说还有很多新课没学，不适合做高考模拟试卷，我认为这是对的。毕竟高考模拟试卷应该在高考复习时才能做，现在就做是不是太早了？而且，小鹏平时学习很努力，本想周末回家放松一下的，谁知'高考'突然从天而降，因为没考好又挨了骂，难免心里委屈啊。小鹏是一个既懂事又努力学习的学生，我看你以后不妨多鼓励、安慰他，这样效果或许会更好。另外，学习成绩的好坏受很多因素的制约，只要孩子努力了，我们就不能对孩子提出过高的要求。"

采用这种说话策略，班主任分析了小鹏的妈妈的做法中存在的问题，可以让其反思自己的教育方法是否恰当。同时，班主任适时地给出了合理的建议，这必然能够唤起学生父母的共鸣，从而达到事半功倍的效果。

4. 家长热情赞扬自己

> 在我制定转化小沛的策略时，小沛
> 的父亲也给予了积极的配合，全面细致
> 地提供了许多重要的信息，这是我能够
> 准确诊断小沛的"病症"并对症下药的
> 关键。

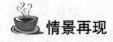 **情景再现**

今天中午我接到小沛家长的电话，让我感到很欣慰。

小沛是一个脾气比较倔强的后进生。我在开学初和他父亲通电话时，他父亲就着重告诉了我这一点。他说，"小沛的脾气很倔，你要是管得太严，他就会天不怕地不怕、破罐子破摔地和你对着干"。然后提醒我在教育小沛时一定要把握好这个"度"。我把这句话当作宝贝一样牢牢记住，然后制定了针对小沛的转化策略：拉近感情——寄予厚望——自我约束。为了拉近和小沛的距离，在课堂上我总是有意无意地走到小沛的身边，问他听懂了没有；课间也时常和他聊聊他比较感兴趣的话题；天气转凉时，我也会记着让他加件衣服。这样一个月下来，我们每次见面时，他都会笑呵呵的。我觉得找他谈话的时机已经成熟，于是就在一节早自习课时把他喊了出来。我说："这一个月以来你给老师留下了很好的印象，比如很有礼貌，知道尊敬师长，很有亲和力，上课时反应很快等等。如果你能够坚持踏实、勤奋、认真地学习，掌握更多的知识和技能，那么你必定前程似锦，希望你以后再接再厉，不要浪费自己的大好时光。"

这次谈话后的第三天，学校举行了第一次月考，小沛取得了班级倒数第八名的成绩。分班考试时他是倒数第五名，进步了三名，我便鼓励他继续迎难而上。期中考试时他的进步很大，一下子进步了十名，总成绩排到了全班第三十二名，他本人也被评为进步之星。期中考试后我又把他喊了出来，微笑着说道："你这次考试进步很大，但按照以往的规律，很多学生在大幅度地进步之后都会大幅度地退步，你不会也逃不出这个怪圈吧？"听完我的话，小沛显得有点不服气，说道："老师，你等着看吧！"第二次月考小沛又进步了八名，总成绩已经排到了全班第二十六名。

"这是破天荒的事情！"小沛的父亲在电话中说道。

"小沛这一阶段比较努力，再加上自己比较聪明，才会取得这样的成绩。"我欣喜地说道。

"我听小沛说老师很关心他，他说就算是为了给老师争面子他也要好好学习。你真有方法，这么容易就把小沛教育好了，真是太感谢你了！"

☕ 情景分析

一般情况下，后进生的家长会对如何教育后进生感到束手无策甚至悲观绝望。当后进生进入一个新环境并且行为也逐渐由坏变好时，后进生的家长难免会惊喜万分，进而对新班主任说出一大堆称赞和感谢的话来。这是人之常情，后进生家长的心情我可以理解。

小沛虽然脾气有点古怪，但是其思想品质绝对没有问题，这是他能够被顺利转化的基础。而且，在我制定转化小沛的策略时，小沛的父亲也给予了积极的配合，全面细致地提供了许多重要的信息，这是我能够准确诊断小沛的"病症"并对症下药的关键。班主任所起的作用就是运用教育学和心理学的规律分析、评价和诊断小沛的情况，制定出转化小沛的方案并且加以实施。当然，小沛的进步也凝聚了班主任的爱心和智慧。值得一提的是，后进生的转化过程是反复和漫长的，班主任和家长切不能高兴得过早。

☕ 说话策略

1. 下下策

班主任在听完小沛父亲的赞美后，感到非常自豪，于是开心地回答道："不客气，不客气，这是我分内的事！"

采用这种说话策略，班主任承认了自己在小沛不断进步的过程中应该占有头功，几乎把所有的光环都揽在了自己的头上。但是，如果小沛的转化再出现反复，再由好变坏，班主任又该如何处理呢？

2. 中策

班主任在面对小沛家长的赞美和感谢时显得比较平静，说道："从这一阶段来看，小沛的确是在往好的方向发展。之所以出现这种情况，主要还是因为小沛的品德优良、心理健康。我只是尽我所能而已，对于你的赞美和感谢，我是受之有愧啊！"

采用这种说话策略，会让小沛的家长感觉班主任比较真诚，这有利于将来彼此之间的沟通。不过，班主任失去了一个锦上添花的机会。

3. 上上策

班主任感觉这是一个难得的加强班主任和家长之间的沟通的契机，于是轻松地说道："小沛往好的方向发展了，这是我们都希望看到的结果，一直以来我们也都在为此而努力。按照孩子的成长规律，每一个学生的健康成长都是家庭环境和学校环境共同作用的结果，尤其是家庭环境对孩子的影响更大，因为孩子在家里待的时间更长。另外，小沛现在虽然往好的方向发展了，但是我们也要防止小沛再回到从前的状态。如果以后小沛有异常的情况，我们还需要紧密地配合，只有这样才能让小沛健康地成长。"

采用这种说话策略，班主任是想突出家校密切配合在子女教育中的重要作用，这为以后工作的开展奠定了基础，不仅有利于班主任和家长之间建立更加和谐的关系，而且对小沛的成功转化也有着强大的推动作用。

5. "双差生"父母询问子女在校情况

想一想自己，再看一看他，我有时真的感觉很无奈。但是，作为一名教师，"为了一切学生"、"不抛弃、不放弃"应该是我不变的信念。

☕ 情景再现

昨天下午，我正在逛街时接到了小胡的妈妈的电话。几句寒暄之后，小胡的妈妈就直奔主题："开学以来，小胡在学校的表现怎么样啊？"

小胡的妈妈是做小生意的，平时比较忙，开学报名时都没能亲自送小胡到校（只有极少数家长没来送孩子，所以我记忆犹新）。这次通话，也是我们之间的第一次接触。

不管是在学习成绩还是在课堂纪律方面，小胡无疑都是一名"差生"。这不，第一次月考他就考了班级倒数第二，而且在考试前一天晚上就寝后还听 MP4，被政教处老师抓了个正着。他在考试中影响班级的平均分不说，还时常给班级抹黑。

开学后几天，我就发现了他的不思进取、纪律涣散等缺点，便向其原班主任打听，得知他是一名"惯犯"。为了不让这种情况继续恶化，我在开学第一周就主动找他谈话。我委婉地告诉他在成绩和纪律方面存在的不足，同时也列举了几个他身边同学的事例，告诉他学习的重要性，希望他能够努力学习。我希望在谈话之后小胡能有所改变，因为我相信班主任的真心关爱和热情激励是能够转化后进生的。但是，很快我就感到有些失望。在谈话后的第三天，他就在语文课堂上吃东西，被语文老师点名批评，严重影响了正常的教学秩序。于是我第二次找他谈话，他给我的理由是之前他认真地听了两天语文、数学、英语、物理、化学等重要科目的课，但只有语文还能一知半解，其他的基本上都像在听天书，六门课程中只能听懂一门，没有任何意义，还不如一门都不听呢！听到他的辩解，我对他的消极和懒散有一点反感，但是我坚信后进生的转化过程是反复的，对待他们一定要有足够的耐心。于是在第二次谈话中我并没有批评他，只是重点帮助他分析听不懂课的原因并告诉他弥补的方法。他听完后，满口答应一定会坚持做到。

然而好景不长，在第三周的一堂数学课上，他竟然玩起了手机！数学老师将手机没收交给了我，我担心谈话次数太多会让他产生"抗体"，所以想用老师的宽容和关爱去打动他。于是第二天我悄无声息地把手机还给了他，并附上一张纸条：在课堂上玩手机是不好的行为，老师相信你以后会把手机放在家里。出人意料的是之后他竟然又在英语课堂上玩手机！这一次，我不得不再次找他谈话了。我问他为什么玩手机，他又狡辩道："我尝试着用你教给我的方法去弥补以前落下的功课，但是时间有限，要是复习前面的功课，刚学的功课就没有时间巩固，就像是拆东墙补西墙，不知道什么时候才能结束，我觉得完全补上来的希望很渺茫。"我有点生气，但还是耐心地用事实告诉他"冰冻三尺，非一日之寒"的道理。他说自己已经听明白了这些道理，而且会努力改变。第三次谈话之后，他在纪律方面有所改善，但是科任老师普遍反映他在课堂上仍然是一副昏昏欲睡的样子，根本就没认真听讲。但在我的课堂上，他倒是认真地听讲、做笔记。看来他还是一个"大滑头"。

情景分析

事实上，小胡的问题并不是个例，还有很多学生有和他类似的问题，只不过小胡的问题更严重罢了。用两个词语可以很好地概括这些问题产生的根源：害怕吃苦、不思进取。在和小胡谈话时，我总会想起自己当年在高中时的求学经历，不能说拼命学习吧，但至少也是争分夺秒地学习，以求将来能够过上幸福的生活、建立一番事业。但是，"幸福"和"事业"的概念在小胡的身上很少能够看到，由此也导致了一系列的问题，比如纪律涣散、消极懒散、油嘴滑舌、反复无常等恶劣的行为。想一想自己，再看一看他，我有时真的感觉很无奈。但是，作为一名教师，"为了一切学生"、"不抛弃、不放弃"应该是我不变的信念。

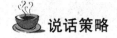 **说话策略**

1. 下下策

班主任心里正窝着火，又不能对学生发，索性就对家长发吧，于是气愤地说道："小胡在学校里就没有表现好的时候，不是玩手机、听MP4，就是说话、睡觉。考试也总考倒数第一或第二。我从来没有见过他端端正正、认认真真地听讲。哎，总之他经常给班级添乱、抹黑，我多次找他谈话，可他一点也听不进去！"

采用这种说话策略，班主任虽然说的都是实话，但由于火药味比较浓，往往会让家长产生很多误解，比如班主任非常讨厌这名学生，甚至讨厌他的家长，由此可能会导致家长责骂甚至毒打子女。在这种情况下，学生不仅不会猛然醒悟，还会对班主任深恶痛绝。此外，很多学生家长都会不自主地认为自己子女的优点还是很多的，根本不可能像班主任说的那么差。在听完班主任的话后，学生家长极有可能会感觉班主任太无能、太不负责任，由此导致家长要求把子女转到别的班或其他不良后果。

2. 中策

班主任担心如果告诉家长实际情况，可能会让小胡产生较强的逆反心理，这不利于将来的转化工作，于是含含糊糊地说道："你的孩子在人品上没有什么问题。成绩中等偏下，如果上课能遵守纪律、认真听讲，成绩就会突飞猛进的。希望家长在各个方面多多引导他。"

采用这种说话策略，班主任明显说得过于委婉了，细心的家长可能会听出班主任的言下之意，可粗心的家长可能还会觉得自己的孩子表现得"不错"。因为类似小胡这样的学生，其家长过去听到的可能都是关于他们"不成器"的话，这次听到新班主任对小胡的认识有所"改观"，极有可能会错误地认为自己的子女进步很大呢。这样对学校和家长的配合以及进一步的沟通都十分不利。

3. 上上策

班主任觉得应该让家长知道子女的真实情况，于是耐心地解释道："从人品上讲，小胡是一个很好的青年，从没犯过侮辱师长、打骂同学等严重错误；从学习方面讲，他很聪明，反应非常快；从人际交往方面讲，小胡也显得很成熟，和同学、老师的关系也比较融洽。不足的是，小胡的自控能力比较差，时常在课堂上说悄悄话、打盹或玩手机，这导致他在第一次月考中成绩很不理想。只有遵守纪律才能取得好成绩，目前小胡在纪律方面急需改善，否则长此以往，在高考中很可能会名落孙山。学校和家长应该密切配合，请家长在纪律及学习动力等方面好好引导他，相信他一定能取得可喜的进步。"

采用这种说话策略，班主任用朴素的语言和家长做了一次深入的交流和沟通。班主任不仅向家长说明了真实情况，还和家长一起思考解决问题的办法，相信类似的家校交流是最有效的。

6. 家长对子女教育感到无奈

> 父母是子女的第一任老师，而且是
> 任教时间最长的老师；家庭是子女就读
> 的第一所学校，而且是影响子女最深的
> 学校。

情景再现

星期日下午，学生们都陆陆续续地返回学校了，这预示着班主任忙碌的一周就要开始了。我坐在书桌前，思考着今晚的例行发言。正在这时，电话响了起来，又是小培的家长。小培的家长几乎在每一个学生返校的日子都会给我打电话，而且每次谈话的内容几乎完全相同，不是小培身体不适就是家里有事不能按时到校，请假一个晚上，要第二天早上才能到校。其实按照小培妈妈的说法，小培就是想在家多玩一个晚上。为此，我和小培的妈妈仔细地交流过，分析小培总想赖在家里到底是因为贪玩、学校生活太枯燥，还是因为他在学校里没有朋友。但是小培的妈妈坚定地认为小培只不过是想在家多玩一会儿。

通过开学前几周的观察，我得出一个结论，小培之所以赖在家里不走主要是因为他嫌学校生活太苦太累。通过和他妈妈的谈话我了解到，小培的妈妈和爸爸都是独生子女，而小培又是这两个大家庭的"独苗"，自然从小到大享受着家里所能创造的最优越的待遇。这也难怪小培会嫌学校生活太苦太累。了解到这些情况之后，我开始找小培谈话，希望通过对症下药使小培早日"康复"。在之后那周离校的时候，我还特意提示了小培一下，希望他能在周日时按时返校，那次小培果然按时返校了。但是接下来的一周，小培又没有按时返校。

这次小培的妈妈亲自到学校替他请假，我心想她肯定又和小培"大战"过了。小培的妈妈很无奈地说道:"这个周末小培是在他的舅舅家过的,到现在还没回来。他的舅舅又不好意思赶他走,所以他就赖在那里了!其实我们都很希望他能按时返校,从而正常地学习,但他就是不听,我们无论如何也说服不了他。我真是没办法,我都想让他退学了,让他到社会上去受点苦!"

事实上,如果撇开学生这个身份,小培算是一位"优秀青年",因为他除了不愿意在学校里学习之外,还是有不少优点的,比如尊敬师长、团结同学、乐于助人等等。但是,他现在是一名学生,如果按照传统的观念进行评判,他就是一名不合格的学生。

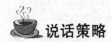 **情景分析**

"老师,你多管管我的孩子,你说的话他听,我们说的话他根本不听!"这是我做班主任以来,经常听到家长说的话。父母是子女最亲的亲人,为什么子女不听从父母的话呢?实际上,子女不听父母的话这种现象已经十分普遍,主要有以下几种原因:第一种是父母的文化层次较低,子女感觉他们说话总是说不到点子上,于是他们的观点并不能被子女认同,久而久之子女也就不听他们的话了。第二种是父母从小就溺爱子女,导致子女形成了"我行我素"、"唯我独尊"的性格,父母的话如果限制了他们的自由,他们就拒绝接受。第三种是父母在和子女说话时极其霸道,激起了子女强烈的逆反心理,于是子女和父母"对着干",父母让他朝东走他偏偏朝西走。

我认为父母是子女的第一任老师,而且是任教时间最长的老师;家庭是子女就读的第一所学校,而且是影响子女最深的学校。出现小培这样的情况,不能不说和父母的教育有很大的关系。但是,现在并不是追究责任的时候,现在急需做的应该是教育小培正确地认识学习的意义和价值。小培的家长也要为自己的过失负责,要尽力弥补,而不是一味地唠叨、指责或谩骂。

说话策略

1. 下下策

班主任认为小培不愿意在学校里学习,他的家长应该负主要责任,于是表情严肃地说道："俗话说，'冰冻三尺，非一日之寒'。小培之所以会养成这种不良习惯，也不是一天两天的事情。我们经常说，在教育子女时一定要把子女的不良习惯扼杀在摇篮里。小培变成今天这个样子，也说明我们家长没能及时发现和纠正他的错误，所以家长也有不可推卸的责任。我们不能一味地指责小培，也应该想一想家长在教育子女方面存在的问题。"

采用这种说话策略，班主任无疑只是充当了评论家的角色。这样做极容易使班主任陷入十分被动的局面，不仅不利于解决问题，往往还会使事情更加严重。

2. 中策

班主任能够深切地体会到小培家长的感受，于是安慰小培的妈妈："随着科学技术的发展和社会的进步，人们的生活水平和生活质量虽然都提高了，但是也有一些不好的东西随之而来，比如不良网络信息、拜金思潮、享受主义等等。这些都给现在的学生带来了很大的冲击，使他们变得浮躁、懒散、颓废、自私等等。这不仅是一个家庭问题，更是社会问题。但是，我们又不能把学生从社会中隔离出来。在面对子女的教育问题时，的确有很多家长都觉得很无奈，对此，我们也感同身受！"

采用这种说话策略，班主任是想从社会大环境对子女教育问题的影响入手，缓解家长的心理压力及自责情绪，这在一定程度上可以让家长的心绪归于平和。但是在听了班主任的分析之后，难道家长就要对子女的成长听之任之，或者接受现实，对子女的转化不抱有任何希望？显然，任何家长都不会因此坐以待毙，而且他们会因此感到更加痛苦和无助。

3. 上上策

班主任认为此时应该让小培的妈妈看到希望，而不应对小培的教育失去信心，于是说道："小培虽然都读高二了，但是孩子气还是有点重啊，到现在还这么调皮，老是想着在家里玩。这是小事情，做父母的不要太在意。你可以这么去想，如果小培现在不是学生，他在品德、语言表达、人际交往及体育等方面都表现得很优秀，算是一个不错的青年。当然了，小培目前的成绩和学习状态都不是很好，我想这也不是一天两天形成的，要想转化他同样也不是一天两天就能成功的。尤其是小培已经快要成年了，有自己的想法，我们在教育他的时候更不能心急，只能慢慢来，好好地和他说，否则可能会事与愿违。这就要求我们家长在和他交流的时候，一定要尊重他，不能还把他当作小孩子，以免他有抵触情绪。如果他有抵触情绪的话，任何教育活动都是徒劳的。另外，家长在他面前一定要表现出足够的耐心和信心，如果家长都对孩子不抱有任何希望了，孩子就会自暴自弃。所以无论何时，我们都要相信他会慢慢地变好！"

采用这种说话策略，班主任是在尽最大的努力来实现家长和学校间的有效配合，从而促使学生尽快成长。同时，班主任的话也可以让家长感受到子女健康成长的希望，进而静下心来好好钻研教育子女的方法。

7. 向家长提供学生升学的建议

> 我坚信爱好是选报专业的基础。只有热爱一个职业，才能把这个职业当作事业，而不只是谋生的工具。

情景再现

小蕾是我们班的女生体育委员。她特别喜欢运动，而且在这方面也取得了优异的成绩，她曾经代表学校参加县里的比赛，取得了短跑和跳远两个项目的第一名。然而，小蕾虽然在体育方面比较擅长，但是文化课成绩却不太理想，三门主科从来都没有及格过。如果以这样的文化课成绩参加高考的话，她很难考取一个理想的大学。出于帮助小蕾的目的，我在刚接手这个班级时就找小蕾谈过话，想弄清楚她的志向。没想到我一问她将来要报考什么专业，平时乐观、开朗的她一下子变得沮丧起来，我问她究竟是怎么回事，她才慢慢地告诉了我。原来，小蕾从小就非常喜爱运动，小学时就表现出了运动方面的天赋。读中学时，她告诉父母将来她要报考体育大学，没想到父亲坚决不同意。小蕾的父亲是个体户，生意做得比较大，一年的收入比较可观，尝到做生意甜头的他要求女儿在报考大学时选择经济方面的专业。他感觉女儿学体育一点用也没有，担心女儿毕业之后找不到好工作。另外，他还认为小蕾是一个女孩子，天天蹦蹦跳跳的也不像样。因此在小蕾报考专业的事情上从来没松过口，父女俩也一直在为此闹别扭。了解到小蕾的情况后，我就问小蕾到底想不想报考体育专业，小蕾狠狠地点了点头。

既然小蕾立志在体育方面有所发展，那么作为她的班主任，我要助她一臂之力。于是我上网搜寻了一些有关体育专业的资料，特别是小蕾报考体育专业的优势，以说服小蕾的父亲。正当我整理好资料准备给小蕾的父亲打电话时，他正好来学校给小蕾送生活费。

 **情景分析**

　　选择报考的专业是每一个高中生都必须面对的难题。如果选择得当，或许会因此幸福一生；如果选择得不合适，就可能使未来的生活遇到很多困难。俗话说：女怕嫁错郎，男怕入错行。当年我在选择专业时，也咨询过班主任的意见，他给我的建议只有一句话：喜欢什么专业你就选择什么专业，只有爱一行才能干好一行！我接受了班主任的建议，因为我一直以来都比较喜欢化学，所以我在高考志愿中全部选择了与化学有关的专业。虽然毕业时因为化学是小学科而很难找到工作，但我一点也没有后悔。因为我喜欢化学，我愿意尽心地钻研它。我虽然教龄不长，但是已经在化学学科领域作出了一些成绩，比如在化学学科的核心期刊上发表过文章、在各类优质课竞赛上获过奖、被评为学生最喜爱的化学老师等等。我想，所有的这些成绩都和我对化学的热爱密切相关。假设我当初选择了其他学科，说不定我现在连讲台都站不稳呢，更别谈取得成绩了。我坚信爱好是选报专业的基础。只有热爱一个职业，才能把这个职业当作事业，而不只是谋生的工具。

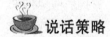 **说话策略**

　　1. 下下策

　　班主任觉得小蕾的父亲不尊重子女的想法，于是有点生气地说道："小蕾的爸爸，小蕾现在已经是17岁的高中生了，马上就是成年人了。对于她的想法，做家长的可以倾听或提建议，但不能横加干涉，更不能直接替子女做决定。小蕾是有血有肉、有思想的人，我们应该尊重她。因此，她将来报考专业时我们应该尊重她的选择，否则她有可能会记恨你一辈子。"

　　采用这种说话策略，班主任的话虽然都是正确的教育理念，但是听起来仿佛是在"训斥"和"告诫"家长，容易使家长产生"屈辱感"。家长一旦不能心平气和地与班主任交流，也就不可能采纳其建议。

2. 中策

班主任认为在和小蕾的家长沟通时，需要耐心、详尽地向他解释，于是一本正经地说道："小蕾的爸爸，既然小蕾这么热爱运动，你就应该尊重她的选择。因为从目前的形势来看，和体育相关的一些专业还是比较热门的，比如生命健康与体育运动专业就和医学、生物学都有很大的联系，属于交叉学科，也是前沿学科，而且这个专业的就业率还比较高。另外，小蕾从小就表现出了体育方面的兴趣和天赋，这也说明她比较适合学习这方面的专业，如果你让她学习这些专业，她或许可以作出很大的成就；如果让她学习其他专业，她可能就会很平庸。举一个简单的例子，比如让'杂交水稻之父'袁隆平去研究航天飞机，那他可能连一个零件都研究不出来。总之，在选报专业时，是否适合、喜欢所报的专业最重要。"

采用这种说话策略，班主任详细地向家长解释了为何在选报专业时应尊重孩子的爱好。班主任的话可以让家长感觉到班主任真的是为了学生好，这样就容易取得家长的理解和信任，进而接受班主任的建议。

3. 上上策

班主任感觉小蕾的父亲之所以如此顽固，主要是因为他坚信自己的想法是正确的，所以应该从这一点入手"驳斥"他，于是说道："小蕾的爸爸，听说你的生意很忙，在这种情况下你还能坚持关心子女的学习，像你这样尽职尽责的家长现在很少了。正如你所说的，选报专业是大事，应该慎重考虑。因为选报专业意味着选择自己将来要从事的职业，如果所选的专业不适合自己，极有可能会造成一生都平平庸庸甚至痛苦不堪。

我有一个高中同学，高考时他的父母让他报考了一个很热门的专业——国际贸易，但是他是一个不善言谈的人，虽然他的英语也考过了专业八级，但就是不能和外国人对话。他每进一个公司，两三个月就会被人家炒鱿鱼，他现在整日在家唉声叹气，眼睁睁地看着其他学国际贸易专业的同学进外企拿高薪。然而，如果他当时选报了适合他的专业，也许在工作中他就能够取得不错的成绩。我当年在高考选报专业时，也咨询过班主任的意见，他给我的建议只有一句话：喜欢什么专业你就选择什么专业，只有爱一行，才能干好一行！我接受了班主任的建议，因为我一直以来都比较喜欢化学，所以我在高考志愿中全部选择了与化学有关的专业。虽然大学毕业时因为化学是小学科不太容易找工作，但我一点也没有后悔过，因为我喜欢化学，我愿意尽心地钻研它。我虽然教龄不长，但是已经在化学学科领域取得了一些成绩，比如在化学学科的核心期刊上发表过文章、在各类优质课竞赛上获过奖、被评为校级学生最喜爱的化学老师等等。我想，所有的这些成绩都和我对化学的热爱密切相关。所以不管是老师还是家长，在指导孩子选报专业时首先要想的是孩子是否适合这个专业，而是否适合的依据有两个：一个是孩子是否喜欢，另一个是孩子有没有天赋。你说是不是这样？"

采用这种说话策略，班主任用正反两方面的事例证明了选报专业的重要性，以引起小蕾的父亲对自己的"顽固"的反思，从而在决定小蕾选报的专业时更加慎重，而且很有可能会转变观念。（当然，我在这里采用我和我同学的事例来证明观点，不具有太大的说服力。如果采用家长熟知的名人的事例，那就更好了。）

8. 家长指责自己不负责

> 班主任在遇到此类事情时千万不可一味地逃避，事情只要还没有发展到无法控制的地步，就一定要努力把事情调查清楚，以证明自己的无辜和清白。

☕ 情景再现

小超这个学期被分到了我们班，以前我并不认识他。我刚拿到分班成绩单时简单地看了一下，小超的成绩排在倒数第几名。这让我对他更加留意。于是在上课时我经常"照顾"他，比如提问他一些问题，但他经常答错或者答非所问。我还发现他很少动笔去记一些重要的知识点，这说明他的学习态度不够端正，根本没把心思放在学习上。我又找到他原来的班主任了解情况，得到的答复与我的想法大致相同。为此，在开学的第四天我就找他谈话，以便发现一些重要的信息。我把我的想法向他说明之后，他难过地说道："老师，我也很想学习，但真的学不来，以前落下的功课太多了。"说完之后，他无奈地叹了口气。从小超的话中，我可以感觉到他在学校过得并不开心，这样下去或许有一天他会主动退学。小超说完后，我反复地告诉他："能学多少就学多少，慢慢来，总会好起来的。"小超在听我说话时，表情并没有什么变化，只是临走时他说自己会努力试一试。

我第二次找他谈话是在第一次月考之前。当时其他学生都在紧锣密鼓地复习，但是小超的课桌上总是摆着同一本书，他根本就没有在学习。这次我找他谈话，他又说自己"真的学不来"。由于上一次谈话的效果甚微，我打算改变方式。因为我发现小超并不是学不来，而是压根儿就不想学。我说："我们都是男子汉，作为男人，我们要靠什么才可以体面地活在这个世界上？要靠成就一番事业，而要想成就一番事业，就要求我们必须具备一定的知识和技能。你现在多少学一点，对自己的将来总是会有好处的。"听完我的话，小超显出一副若有所思的样子，表示会努力学习。为了能让小超静下心来学习，我又特意把他和一个成绩很好的学生调到一起，希望其他学生的斗志可以感染他。这之后，小超在课堂上的表现略微有所好转，但据他的同桌反映，小超只是在我的课堂上认真听讲，在其他老师的课堂上还是和原来一样。期中考试前一天的晚上，我发现他在看小说，当时我什么也没说。期中考试结束后我第三次找他谈话，他除了说自己"学不来"之外，还说自己"一到学校就开始头痛"。这一点对我的触动很大，我想这个学生的心态有很大的问题。现在我要做的或许应该是帮助他找到在学校的快乐，这样也许还有机会帮助他。于是我对他说，在休息时你可以去打打篮球或者乒乓球，也可以去图书馆看一看时尚杂志。这一次他倒是很响亮地说了一声"好"！

然而，上周五放学后小超离开学校，周日晚上却没有回来。有的学生说见到他来了然后又走了，我想联系一下他的家长也没有联系上。谁知今天上午他的父亲来了，我还没来得及和他寒暄，他的父亲就激动地说："老师，昨天我的儿子来上学，你怎么能让他滚蛋呢？你太不负责任了！"

☕ 情景分析

家长有时在子女的班主任面前变得蛮横无理，主要是因为子女在学校的人身权、生命权和受教育权等权利受到了严重的侵害：要么是已经发生的事实，比如子女跳楼自杀、离家出走、遍体鳞伤等等；要么是家长听信了子女的谎话，比如子女回家说班主任体罚他们、辱骂他们、殴打他们等等。其实，家长和班主任之间的矛盾多半是由学生说谎引起的。学生是连接家长和班主任的桥梁，然而绝大多数家长由于知识和观念上的局限，往往更趋向于相信子女的话而很少对其进行甄别和核实。而且，很多家长片面地认为班主任应该对学生的教育过失承担主要责任，而忽略了学生的个性心理特征、家庭成长环境以及现有发展水平等影响因素。

在上述事件中，小超的谎言让他的父亲对班主任很不满。小超的父亲的心情可以理解，因为几乎任何一个父亲听到老师让他的子女滚蛋时都会暴跳如雷。但是，小超的父亲并没有对所听到的信息进行调查与核实。班主任在遇到此类事情时千万不可一味地逃避，事情只要还没有发展到无法控制的地步，就一定要努力把事情调查清楚，以证明自己的无辜和清白。

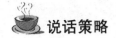 **说话策略**

1. 下下策

班主任感觉自己比窦娥还冤枉，顿时火冒三丈，不怀好气地说道："这位家长，你有什么资格、什么理由说我不负责任？我现在不想再和你说话，请你调查清楚了再下结论！"

采用这种说话策略，无异于火上浇油，非但不能解决问题，反而会使事情变得更加糟糕，极有可能引起家长和班主任之间更加激烈的冲突。同时，这样做也有悖于教师教书育人的行为准则。

2. 中策

班主任感觉小超的父亲虽然蛮横无理，但心情可以理解，于是平静地说道："这位家长，请你不要生这么大的气，有什么事情可以坐下来好好说。我们先把事情调查清楚，确定真相之后再发火也来得及。"

采用这种说话策略，班主任首先是想让家长平静下来。多数家长会慢慢地变得理智起来，这是事情顺利解决的基础。

3. 上上策

班主任认为遇到此类事情时，首先要做的应该是表明自己的立场，于是微笑着说道："这件事来得比较突然，我还不大清楚你听到的消息是谁告诉你的，但我要声明几点。第一，我这学期接手这个班以来，还真没有对哪个学生说过'滚'这个字。有几个同学昨天见到你的孩子了，但是他并没有到班里来，我也没见到过他，根本没机会说让他滚蛋。至于你的儿子为什么不想来学校，可能你比我更清楚。第二，我当班主任到底负不负责任，不是你说了算，也不是我说了算，是班里所有学生和学生的家长说了算。我欢迎你到班里、校领导那里或其他家长那里了解情况。第三，我对你的儿子怎么样你可以好好地问问他，也可以到班里面找其他学生核实一下，请你不要妄下结论，否则会让人很伤心。"

采用这种说话策略，班主任并没有和家长针锋相对，而是重点强调了认识问题和解决问题的正确途径，同时也是对家长无理取闹的告诫和警示。而且，通过这一回合的较量，家长也可以感觉到班主任的素质和胸怀，从而对自己子女的话有所怀疑，这样真相就会慢慢浮出水面。

9. 家长邀请自己吃饭

> 一个班主任最难得的就是获得学生一辈子的敬重，而班主任要想得到所有学生一辈子的敬重，必须在每个细节上都不能犯错，也就是要做一个无懈可击的人。

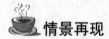 **情景再现**

期中考试结束后，学校布置了召开家长会的各项工作，其中一个就是要求各班主任做好充分的准备，以期给家长留下最美好的印象。我非常重视这次和家长沟通的机会，所以在向优秀班主任请教和收集各种资料的基础上，又挑灯夜战了几个晚上，经过认真仔细的比较、删减和润色，把家长会的内容制成了新颖别致的 PPT 课件。家长会那天，我以饱满的热情向家长们呈献了我精心准备的内容，家长们在我演讲期间给予我好几次热烈的掌声。我想此次家长会应该达到了预期的目的，结果也证明了这一点。当我宣布家长会结束的时候，很多家长还围着我问东问西。这样，家长会的"续集"又持续了将近一个小时。当我目送着最后一位学生家长离开的时候，我刚想长长地舒一口气，谁知小悦的父亲和叔叔又向我走过来，小悦的父亲微笑着说："赵老师，我们都在外地做生意。今天为了开这次家长会，我们专门从外地回来。您看中午我们一起出去找个方便的地方，边吃饭边好好地聊一聊有关小悦的事情，如何？"以前听说过学生家长请班主任吃饭喝酒的事情，但我自己从来没遇到过，这是第一次。我笑着说没那个必要，但是小悦的父亲和叔叔却很坚持："虽然到现在您只带了小悦半年多的课，但是我们时常听小悦说您是多么器重他。我们没什么别的意思，就是想感谢您。"

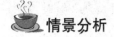
我在读高中时，我父亲听别人说如果请我的班主任吃顿饭，班主任就会特别"照顾"我。于是在我并不知情的情况下，和我一个比较有文化的亲戚一起"偷偷地"去找我的班主任想请他吃饭。在我父亲的一再邀请下我的班主任答应了，但我的班主任却提前付了账，结果就变成了我的班主任请我父亲吃饭。对此我的父亲感觉很不好意思，我的班主任就宽慰他道："这次算我感谢你给我送来这么一个优秀的学生。如果你真的觉得过意不去的话，将来等你的儿子考上理想的大学时，你就请我到大饭店里喝庆功酒。那时你不让我去我也硬要去的！"

当我从我父亲的口中得知这件事情时，我对我的高中班主任充满了感激和敬佩之情。直到现在我还时常想起他。我想，如果当初我的班主任接受了我父亲的邀请，现在我可能也会记着这个班主任，但他极有可能是作为一个永久的反面教材而存在。我对班主任的感情也会由敬重变成蔑视。由此我得出一个结论，一个班主任最难得的就是获得学生一辈子的敬重，而班主任要想得到所有学生一辈子的敬重，必须在每个细节上都不能犯错，也就是要做一个无懈可击的人。

事实上，家长热情地邀请班主任吃饭，不外乎两种情况。第一种是现在的班主任不像以前的班主任那样对他们的子女不闻不问或冷嘲热讽，而是在平时的学习和生活中给予了很多的关爱，因此家长觉得很感动，所以想请班主任吃饭以示感谢，同时希望班主任更加关爱其子女。第二种是他们的子女在学校里有比较多的问题，需要班主任的特别"照顾"，比如视力不好要坐在前排，经常调皮捣蛋、总是惹麻烦，不爱学习需要严加管教，以及基础薄弱需要班主任多多关注等等。不管是哪一种情况，家长的心情都是可以理解的。

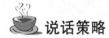 说话策略

1. 下下策

班主任一心想维护自己的形象，对家长的坚持感到有些反感，于是有点不耐烦地说道："请你们不要再坚持了，否则彼此都会很尴尬。我想做

一名受学生尊敬的班主任，所以不能在任何事情上有过失。请你们尊重我的想法，不要再勉强我！"

采用这种说话策略，班主任生硬的语言无疑会让小悦的家长觉得很难堪，这样会让小悦的家长感觉班主任非常不近人情，极容易造成彼此之间的隔阂，不利于小悦的后续教育。

2. 中策

班主任对家长的盛情邀请感到非常为难，于是尽量解释道："我是一名教师，是学生们学习的榜样。所以我不能在任何事情上有过失，否则就没有办法教育他们追求真善美了。你们的心情我可以理解，也请你们理解我的难处！"

采用这种说话策略，班主任的语气比较委婉，耐心地向家长解释的同时也表明了自己的难处。这在一定程度上能够获得家长的理解和尊重，从而保持班主任和家长之间比较和谐的关系。

3. 上上策

班主任十分理解家长的心情，觉得应该让家长理解自己作为教师的处事原则，于是微笑着说道："非常感谢你们和小悦对我的信任，这是你们给予我的最好的礼物。我能和小悦成为师生，这是我们之间的缘分。请你们放心，在我担任小悦的班主任期间，任何对小悦的成长有利的事情我都会尽力去做，这也是一个班主任应该做的。你们的心情我非常理解，但我希望自己在教书育人的每一个细节上都尽量做到最好，我不希望有任何一个学生看不起我。因为我是他们学习的榜样，我以后还要教育他们呢。我这个榜样做得好不好，那要看小悦高中毕业时怎么评价我。如果小悦考上了理想的大学你们邀请我喝庆功酒的话，我绝对会欣然前往！"

采用这种说话策略，班主任是在用真心和家长交流。这不仅能让家长毫无顾忌地打消请班主任吃饭的念头，而且还会让家长感觉到班主任的正直，从而让家长更加信任和敬重班主任。同时，这也促进了家长和班主任之间交流和沟通的良性循环。

图书在版编目（CIP）数据

班主任如何说话/赵坡著. —上海：华东师范大学出版社，2009.12
ISBN 978-7-5617-7419-9

Ⅰ.①班... Ⅱ.①赵... Ⅲ.①班主任—语言艺术 Ⅳ.①G451

中国版本图书馆 CIP 数据核字（2009）第 236625 号

大夏书系·全国中小学班主任培训用书

班主任如何说话

著　　者	赵　坡
策划编辑	吴法源
文字编辑	张海波
装帧设计	大象设计
责任印制	殷艳红

出版发行	华东师范大学出版社
社　　址	上海市中山北路 3663 号　邮编 200062
电话总机	021 - 62450163 转各部门　行政传真 021 - 62572105
客服电话	021 - 62865537（兼传真）
邮购电话	021 - 62869887
门市地址	上海市中山北路 3663 号华东师范大学校内先锋路口
网　　址	www.ecnupress.com.cn

印 刷 者	北京密兴印刷有限公司
开　　本	700×1000　16 开
印　　张	15
插　　页	1
字　　数	215 千字
版　　次	2010 年 6 月第一版
印　　次	2025 年 1 月第二十九次
印　　数	86 001 — 87 000
书　　号	ISBN 978 - 7 - 5617 - 7419 - 9/G · 4280
定　　价	42.00 元

出版人　朱杰人

（如发现本版图书有印订质量问题，请寄回本社市场部调换或电话 021 - 62865537 联系）